Schneider

Verpackungen, Container und Fahrzeuge kennzeichnen – aber richtig!

ecomed
SICHERHEIT

Bibliografische Informationen der Deutschen Nationalbibliothek

Die Deutsche Nationalbibliothek verzeichnet diese Publikation in der Deutschen Nationalbibliografie; detaillierte bibliografische Daten sind im Internet über <http://www.dnb.de> abrufbar.

Information zur Produktsicherheit: https://www.ecomed-storck.de/gpsr

Bei der Herstellung des Werkes haben wir uns zukunftsbewusst für umweltverträgliche und wiederverwertbare Materialien entschieden.

ISBN 978-3-609-68116-0

E-Mail: kundenservice@ecomed-storck.de
Telefon: 089/2183-7922
Telefax: 089/2183-7620

www.ecomed-storck.de

Satz: FotoSatz Pfeifer, 82110 Germering
Druck: Zimmermann Druck + Verlag GmbH, 58802 Balve

Vorwort

Die Kennzeichnung gefährlicher Güter ist eine der zentralen Voraussetzungen für einen sicheren Transport auf Straße und See. Sie dient nicht nur der Einhaltung gesetzlicher Vorschriften, sondern vor allem dem Schutz von Mensch und Umwelt im täglichen Transportgeschehen.

Dieses Handbuch vermittelt die Grundlagen der Kennzeichnung und Bezettelung nach ADR und IMDG-Code. Es richtet sich an Fachkräfte, Verpacker, Verlader, Sicherheitsbeauftragte sowie alle, die mit dem Versand gefährlicher Güter befasst sind.

Neben der Kennzeichnung von Versandstücken werden auch die Anforderungen an Fahrzeuge, Container und Tanks behandelt. Besondere Aufmerksamkeit gilt den Unterschieden zwischen Straße und Seeverkehr sowie Sondervorschriften, die in der Praxis häufig relevant sind.

Das Dokument konzentriert sich bewusst auf die Kennzeichnungsvorschriften und zeigt praxisorientiert auf, wann und wie Gefahrzettel, Großzettel (Placards) und Warntafeln anzubringen sind. **Nicht behandelt** werden die spezifischen Anforderungen der Klasse 7 (radioaktive Stoffe) sowie Verpackungsspezifikationen und Bauartzulassungen, da diese gesonderte Fachthemen mit eigenständigen Regelungen darstellen.

Ziel dieser Zusammenstellung ist es, die komplexen Vorschriften übersichtlich und praxisgerecht darzustellen – mit Hinweisen, Merksätzen und Beispielen, die die Umsetzung im Arbeitsalltag erleichtern.

Wichtig: Bei diesem Dokument handelt es sich um eine vereinfachte Darstellung gesetzlicher Regelungen, die dem besseren Verständnis dienen soll. Der Autor übernimmt keine Verantwortung für die Richtigkeit und Vollständigkeit der enthaltenen Informationen. Für die praktische Anwendung sind stets die aktuell gültigen Rechtsvorschriften heranzuziehen. Ebenso ist sicherzustellen, dass alle Beteiligten gemäß Kapitel 1.3 ADR bzw. IMDG-Code unterwiesen sind.

Stuttgart, Dezember 2025 Thomas Schneider

Inhaltsverzeichnis

1 Grundlagen der Gefahrgutkennzeichnung

Unter Bezettelung versteht man das Anbringen von Gefahrzetteln an Versandstücken, die gefährliche Güter enthalten. Gefahrzettel sind quadratische, auf der Spitze stehende Kennzeichen mit einer Mindestgröße von 100 mm × 100 mm. Sie dienen dem Erkennen und der Zuordnung der Gefahren, die von einem Versandstück ausgehen können.

Durch Symbole wird die Art der Gefahr (z. B. Entzündbarkeit, Ätzwirkung, Giftigkeit) dargestellt, während die Zahl im unteren Bereich des Gefahrzettels auf die Gefahrklasse und damit (teilweise) auf den Aggregatzustand (fest, flüssig, gasförmig) des Stoffes hinweist.

Die auf den Gefahrzetteln dargestellten Symbole entsprechen grundsätzlich den Piktogrammen des Gefahrstoffrechts. Allerdings liefern Gefahrzettel zusätzliche Informationen über die Art der Gefahr durch ihre Farbgebung und die Nummer der Gefahrklasse. Daher dürfen Gefahrzettel nicht durch die Piktogramme des Gefahrstoffrechts ersetzt werden, da sie unterschiedliche Zwecke und Anwendungsbereiche haben: Gefahrzettel dienen der Kennzeichnung beim Transport gefährlicher Güter, während die Piktogramme des Gefahrstoffrechts auf die Gefahren im Umgang und bei der Lagerung hinweisen.

Beispiele:

Bedeutung des Piktogramms GHS 02 (Gefahrstoffrecht)	**Bedeutung des Gefahrzettels Nr. 4.3 (Gefahrgutrecht)**

Entzündbare Gase, Flüssigkeiten, Aerosole und Feststoffe; Stoffe und Gemische, die bei Berührung mit Wasser entzündbare Gase entwickeln, selbstentzündliche und selbstzersetzliche Flüssigkeiten und Feststoffe, selbsterhitzungsfähige Stoffe und Gemische	Stoffe der Klasse 4.3, die mit Wasser entzündbare Gase entwickeln, die mit Luft explosionsfähige Gemische bilden können

Unter **Kennzeichnung** versteht man das Anbringen zusätzlicher Angaben und Hinweise. Hierzu zählen insbesondere die UN-Nummer, die Versandbezeichnung, das Kennzeichen für umweltgefährdende Stoffe, Ausrichtungspfeile sowie besondere Markierungen, beispielsweise für Lithiumbatterien nach Sondervorschrift 188. Die Kennzeichnung dient der Identifikation des Stoffes oder Gegenstandes sowie der Weitergabe sicherheitsrelevanter Informationen für die Handhabung und Beförderung.

Merke:

Die Bezettelung macht die Art der Gefahr sichtbar.

Die Kennzeichnung vermittelt ergänzende Identifikations- und Handhabungshinweise.

Neben der Kennzeichnung und Bezettelung von Versandstücken gelten besondere Vorschriften für Container, Fahrzeuge und Tanks. Hier kommen Großzettel zum Einsatz – das sind vergrößerte Gefahrzettel mit einer Mindestgröße von 250 mm × 250 mm. Diese werden auch als Placards bezeichnet und dienen der Darstellung von Haupt- und Nebengefahren.

Im Straßenverkehr (ADR) ist zusätzlich die Anbringung orangefarbener Tafeln vorgeschrieben. Sie zeigen an, dass eine Beförderungseinheit Gefahrgut **in kennzeichnungspflichtiger Menge** transportiert. Die Tafeln tragen entweder die UN-Nummer einschließlich der Nummer zur Kennzeichnung der Gefahr oder bleiben, je nach Art der Beförderung, neutral, also ohne Nummern.

Im Seeverkehr (IMDG-Code) ist die Systematik vergleichbar, allerdings unterscheidet sich die Terminologie. Während im ADR von „Bezettelung“ gesprochen wird, bezeichnet der IMDG-Code das Anbringen von Großzetteln als „Plakatierung“ (Placarding). Die Funktion bleibt gleich: die sichtbare Kennzeichnung der Gefahrklassen und -arten an Containern und Tanks.

2 Kennzeichnung und Bezettelung von Versandstücken

Versandstücke mit Gefahrgut müssen mit

- dem/den Gefahrzettel(n),
- der UN-Nummer,
- ggf. dem richtigen technischen Namen,
- ggf. mit Ausrichtungspfeilen auf zwei gegenüberliegenden Seiten,
- ggf. mit dem Kennzeichen für umweltgefährdende Stoffe

gekennzeichnet werden, um auf das gefährliche Gut hinzuweisen. Für Versandstücke, die im Rahmen von Freistellungen befördert werden, existieren Abweichungen.

Merke:

In der Regel müssen Versandstücke nur auf einer Fläche mit UN-Nummern gekennzeichnet und bezettelt werden. Nur für IBC mit einem Fassungsraum über 450 Liter und für Großpackmittel besteht die Pflicht, diese auf zwei gegenüberliegenden Seiten zu kennzeichnen und zu bezetteln.

2.1 Bezettelung von Versandstücken

Hinweis: Die Vorschriften zur Bezettelung von Versandstücken einschließlich IBC befinden sich im Abschnitt 5.2.2 ADR/IMDG-Code.

Jedes Versandstück, das gefährliche Güter enthält, muss mit Gefahrzetteln versehen werden. Die Gefahrzettel sollen bereits auf den ersten Blick auf die spezifischen Gefahren hinweisen, die von dem enthaltenen Stoff oder Gegenstand ausgehen können (z. B. Entzündbarkeit, Giftigkeit, Ätzwirkung).

Begriffsbestimmung Versandstück:

Unter einem Versandstück verstehen das ADR und der IMDG-Code das versandfertige Produkt, das zum Transport bereitsteht, einschließlich Kennzeichnung und Bezettelung. Es besteht aus der Verpackung (z. B. Kiste, Fass, Kanister, IBC) und dem Inhalt. Auch Druckgasbehälter (z. B. Gasflaschen) zählen dazu.

Manchmal können auch unverpackte Gegenstände ein Versandstück sein – etwa, wenn sie zu groß oder schwer für eine Verpackung sind. Solche Güter dürfen dann z. B. auf Paletten, in Holzverschlägen oder mit Spezialvorrichtungen befördert werden. Dies geht aus der entsprechenden Verpackungsanweisung hervor.

Die Auswahl der anzubringenden Gefahrzettel richtet sich nach der Klassifizierung des Stoffes oder Gegenstandes. Maßgeblich sind hierfür die Angaben in Spalte 5 der Tabelle A ADR (Kapitel 3.2), in denen die jeweiligen Gefahrzettelnummern (vgl. Spalte 1 des Anhangs) aufgeführt werden. In einigen Fällen ist nicht nur ein Gefahrzettel erforderlich, sondern es müssen zusätzlich die Gefahrzettel der Nebengefahren angebracht werden, wenn von dem Gefahrgut mehrere Gefahren ausgehen.

Auszug aus dem UN-numerischen Verzeichnis der gefährlichen Güter (Tabelle A ADR)

UN-Nummer	Benennung und Beschreibung	Klasse	Klassifizierungscode	Verpackungsgruppe	Gefahrzettel	Sondervorschriften	Begrenzte und freigestellte Mengen		Verpackungen		
									Anweisungen	Sondervorschriften	Zusammenpackung
	3.1.2	2.2	2.2	2.1.1.3	5.2.2	3.3	3.4/3.5.1.2		4.1.4	4.1.4	4.1.10
(1)	(2)	(3a)	(3b)	(4)	(5)	(6)	(7a)	(7b)	(8)	(9a)	(9b)
1214	ISOBUTYLAMIN	3	FC	II	3+8		1 L	E2	P001 IBC02		MP19

Im IMDG-Code wird nicht die Gefahrzettelnummer angegeben, sondern es wird die Klasse verwendet, die sich in Spalte 3 der Gefahrgutliste (Kapitel 3.2 IMDG-Code) befindet. Zusatzgefahren sind in Spalte 4 aufgeführt, falls vorhanden.

Auszug aus der Gefahrgutliste IMDG-Code

UN-Nummer	Richtiger technischer Name	Klasse	Zusatzgefahr	Verpackungsgruppe	Sondervorschriften	Begrenzte und freigestellte Mengen		Verpackungen		IBC	
						Begrenzte Mengen	Freigestellte Mengen	Anweisung(en)	Sondervorschriften	Anweisung(en)	Sondervorschriften
(1)	(2) 3.1.2	(3) 2.0	(4) 2.0	(5) 2.0.1.3	(6) 3.3	(7a) 3.4	(7b) 3.5	(8) 4.1.4	(9) 4.1.4	(10) 4.1.4	(11) 4.1.4
1214	ISOBUTYLAMIN ISOBUTYLAMINE	3	8	II	-	1 L	E2	P001	-	IBC02	-

Bei manchen Gütern gelten Sondervorschriften, die zu Abweichungen bei der Kennzeichnung und Bezettelung führen können. Deshalb ist stets ein Blick in die in Spalte 6 aufgeführten Sondervorschriften ratsam, um sicherzugehen, dass keine besonderen Regelungen übersehen werden.

So gilt zum Beispiel für Batterien unter UN 2794 die Sondervorschrift 295, die die Bezettelung vereinfacht:

> *„Es ist nicht erforderlich, jede Batterie mit einem Kennzeichen und einem Gefahrzettel zu versehen, wenn auf der palettierten Ladung ein entsprechendes Kennzeichen und ein entsprechender Gefahrzettel angebracht sind."*

Auszug aus dem UN-numerischen Verzeichnis der gefährlichen Güter (Tabelle A ADR)

UN-Nummer	Benennung und Beschreibung	Klasse	Klassifizierungscode	Verpackungsgruppe	Gefahrzettel	Sondervorschriften	Begrenzte und freigestellte Mengen		Verpackungen		
									Anweisungen	Sondervorschriften	Zusammenpackung
	3.1.2	2.2	2.2	2.1.1.3	5.2.2	3.3	3.4/3.5.1.2		4.1.4	4.1.4	4.1.10
(1)	(2)	(3a)	(3b)	(4)	(5)	(6)	(7a)	(7b)	(8)	(9a)	(9b)
2794	BATTERIEN (AKKUMULATOREN), NASS, GEFÜLLT MIT SÄURE, elektrische Sammler	8	C11		8	295 598	1 L	E0	P801		

Auszug aus der Gefahrgutliste IMDG-Code

UN-Nummer	Richtiger technischer Name	Klasse	Zusatzgefahr	Verpackungsgruppe	Sondervorschriften	Begrenzte und freigestellte Mengen		Verpackungen		IBC	
						Begrenzte Mengen	Freigestellte Mengen	Anweisung(en)	Sondervorschriften	Anweisung(en)	Sondervorschriften
(1)	(2) 3.1.2	(3) 2.0	(4) 2.0	(5) 2.0.1.3	(6) 3.3	(7a) 3.4	(7b) 3.5	(8) 4.1.4	(9) 4.1.4	(10) 4.1.4	(11) 4.1.4
2794	BATTERIEN (AKKUMULATOREN), NASS, GEFÜLLT MIT SÄURE, elektrische Sammler BATTERIES, WET, FILLED, WITH ACID electric storage	8	-	-	295	1 L	E0	P801	-	-	-

Da bestimmte Sondervorschriften nur für einen Verkehrsträger gelten, sind bei der multimodalen Beförderung von Gütern im Straßen- und Seeverkehr mögliche Abweichungen zwischen den jeweiligen Verkehrsträgern zu beachten. Im zuvor gezeigten Beispiel stimmen die Sondervorschriften bei beiden Verkehrsträgern überein und können somit multimodal angewendet werden.

Die Gefahrzettel müssen

- in der vorgeschriebenen Form (Quadrat, auf der Spitze stehend),
- mit den richtigen Symbolen, Farben und Zahlen und
- gut sichtbar, dauerhaft (IMDG-Code: seewasserfest für drei Monate) und in ausreichender Größe

auf dem Versandstück angebracht sein. Sie müssen so platziert sein, dass sie während des Transports nicht abfallen, unleserlich oder verdeckt werden.

Praxistipp:

Kennzeichnungen und Bezettelungen dürfen nicht überklebt werden. In der Praxis kommt es manchmal vor, dass Versandetiketten oder andere Aufkleber darauf angebracht werden. Dies stellt einen Verstoß dar und kann schnell zu einem Bußgeld führen.

Gefahrzettel müssen in Form und Gestaltung den Vorschriften entsprechen. Daher empfiehlt es sich, auf Produkte des Fachhandels zurückzugreifen. Zudem ist es sinnvoll, die Einhaltung der Mindestmaße zu überprüfen.

Werden Gefahrzettel direkt auf Verpackungen aufgedruckt, ist sorgfältig zu prüfen, ob die Vorschriften eingehalten werden. Besonders häufig treten Abweichungen bei den Gefahrzetteln der Nummern 9 und 9A auf. Diese werden abweichend vom vorgeschriebenen Muster häufig ohne weißen Hintergrund im Einfarbdruck direkt auf der Verpackung aufgebracht. Dadurch fehlt der erforderliche weiße Hintergrund, was den Vorschriften widerspricht. Dies kann zwar Kosten sparen, führt jedoch im Verlauf der Beförderung unter Umständen zu Problemen. Genauere Angaben zu den Farb- und Designanforderungen finden Sie im Anhang A.

Obwohl in den Gefahrgutvorschriften sehr vieles genau beschrieben ist, liefern die Vorschriften keine Informationen zu den exakten Farbtönen, in denen die Gefahrzettel gedruckt werden müssen. Es wird lediglich die Farbe genannt (Rot, Blau, Gelb etc.). Detaillierte Informationen liefert hier nur der Luftverkehr mit den IATA-Gefahrgutvorschriften. Dort werden Pantone-Farben angegeben, in denen die Gefahrzettel gedruckt werden müssen.

Praxistipp:

Druckvorlagen für die meisten Gefahrzettel finden Sie auf der Homepage der UNECE auf der Unterseite Dangerous Goods unter dem Punkt Labels GHS oder auf der Homepage des Bundesministeriums für Digitales und Verkehr, Referat Gefahrgut.

2.1.1 Abmessungen der Gefahrzettel

Die vorgeschriebene Größe eines Gefahrzettels beträgt 100 mm × 100 mm (Kantenlänge, auf der Spitze stehend). Die Abmessungen müssen wie in der Tabelle dargestellt eingehalten werden. Die äußere Linie (gestrichelt oder durchgezogen) ist immer dann vorgeschrieben, wenn kein ausreichender Kontrast zum Hintergrund vorhanden ist. Bei vielen Gefahrzetteln ist sie daher standardmäßig vorhanden.

Merke:

Wird z.B. ein roter Gefahrzettel auf ein rotes Versandstück geklebt, stellt die äußere Linie sicher, dass der Gefahrzettel trotzdem gut erkennbar ist.

Nur in Ausnahmefällen ist eine Verkleinerung zulässig, und zwar ausschließlich dann, wenn es die Größe des Versandstücks nicht zulässt, einen Gefahrzettel in Standardgröße anzubringen. Maßgeblich ist allein die Größe des Versandstücks. Eine Verkleinerung ist nicht erlaubt, wenn lediglich die zur Verfügung stehende Fläche durch Aufdrucke, Logos oder ein bestimmtes Design eingeschränkt ist. Auch bei verkleinerten Gefahrzetteln müssen Form, Proportionen, Farben und Symbole den Vorgaben entsprechen und jederzeit gut erkennbar bleiben.

Die Gefahrzettel müssen der Witterung ohne nennenswerte Beeinträchtigung ihrer Wirkung standhalten können. Daher eignen sich auf Papier ausgedruckte Gefahrzettel im Allgemeinen nicht.

Beschreibung der Gefahrzettel

Muster-Gefahrzettel 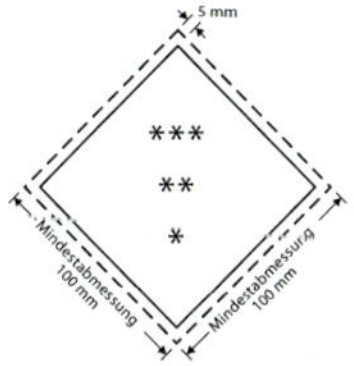 **Standard-Gefahrzettel**  	**Mindestabmessung:** 100 mm × 100 mm **Abstand äußerer Rand:** 5 mm zur Innenlinie (der äußere Rand kann als gestrichelte oder durchgezogene Linie dargestellt werden) **Verkleinerungen:** u.U. zulässig, Proportionen müssen erhalten bleiben *** **Symbolfeld:** Enthält das Symbol der Klasse Sonderfälle: Unterklassen 1.4, 1.5, 1.6 à Nummer der Unterklasse ** **Zusätzlicher Text:** Feld für vorgeschriebene oder freiwillige Hinweise (z. B. UN-Nummer, Signalwort) * **Klassenangabe:** In der Regel die Nummer der Klasse Ausnahme: Klassen 4.1, 4.2 und 4.3 à Nummer 4 Klassen 6.1 und 6.2 à Nummer 6
 	Gefahrzettel mit zusätzlichem Text unterhalb des Symbolfeldes: • Gefahrzettel für einen ätzenden Stoff der Klasse 8 • Freiwilliger Hinweis „Corrosive“
 	Gefahrzettel mit zusätzlichem Text unterhalb des Symbolfeldes: • Gefahrzettel für einen flüssigen brennbaren Stoff der Klasse 3 • Freiwilliger Hinweis auf die UN-Nummer **Achtung:** Die Angabe der UN-Nummer im Gefahrzettel ist zwar zulässig, ersetzt aber nicht die Pflicht, die UN-Nummer wie vorgeschrieben separat auf dem Versandstück anzubringen!

2.1.2 Anbringungsort

Alle Gefahrzettel sind auf der gleichen Fläche des Versandstücks nahe beieinander anzubringen, sofern Größe oder Form des Versandstücks dies zulassen. Gefahrzettel dürfen nicht durch Verpackungsteile, Aufkleber oder andere Kennzeichen verdeckt werden. Sind mehrere Gefahrzettel vorgeschrieben, sind diese nahe beieinander anzubringen. Ist das Versandstück zu klein oder unregelmäßig geformt, darf der Gefahrzettel mit einer Schnur oder einem anderen geeigneten Mittel sicher befestigt werden. Bei Versandstücken mit Stoffen der Klassen 1 oder 7 müssen die Gefahrzettel in der Nähe der offiziellen Benennung für die Beförderung angebracht werden.

Merke:

Achten Sie darauf, dass alle Gefahrzettel **gut sichtbar und dauerhaft haltbar** angebracht sind – sie müssen während des gesamten Transports **lesbar und unbeschädigt** bleiben.

Anbringung von Gefahrzetteln und Kennzeichen

Falsch:

Richtig:

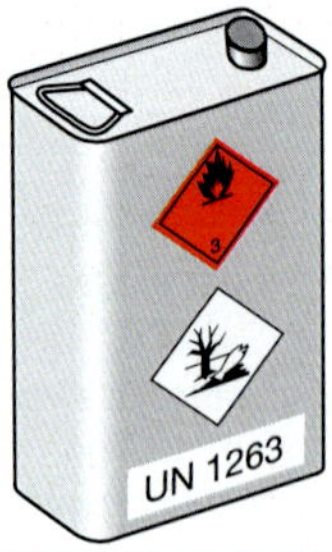

Auf diesem Versandstück ist der Gefahrzettel Nr. 3 (entzündbare Flüssigkeiten) angebracht. **Aber:** Der Gefahrzettel ragt über die Kante hinaus.

Wichtig:
Gefahrzettel müssen sich vollständig auf einer Fläche befinden (**kein Überlappen, kein Hinausragen!**).

Wenn dies nicht möglich ist, gilt:

- die Gefahrzettel auf der Stirnseite anzubringen, oder
- die Gefahrzettel zu verkleinern, sodass sie vollständig auf die Fläche passen.
- Zusätzlich zu den Gefahrzetteln müssen auf dem Versandstück die UN-Nummer und
- das Kennzeichen für umweltgefährdende Stoffe

angebracht sein.

Formal ist das Kennzeichen für umweltgefährdende Stoffe kein Gefahrzettel, sondern ein Kennzeichen. Es muss neben der Kennzeichnung mit UN-Nummer und Versandbezeichnung (IMDG-Code) angebracht werden.

2.1.3 Besonderheiten für die Klasse 2

Für Versandstücke der Klasse 2 (Gase) gelten besondere Regelungen. So dürfen die Gefahrzettel auch dann verkleinert werden, wenn auf dem zylindrischen Teil des Versandstücks eigentlich genügend Platz für die Standardgröße vorhanden wäre. Zudem ist bei Gasflaschen eine Überlappung der Gefahrzettel zulässig, was bei anderen Gefahrgutklassen nicht gestattet ist. In der Praxis werden hierfür häufig sogenannte „Bananenaufkleber" verwendet. Diese gebogenen Gefahrzettel passen sich der runden Form der Gasflasche an und können am Flaschenhals angebracht werden, sodass die Kennzeichnung gut sichtbar bleibt.

Kennzeichnung und Bezettelung von Gasflaschen

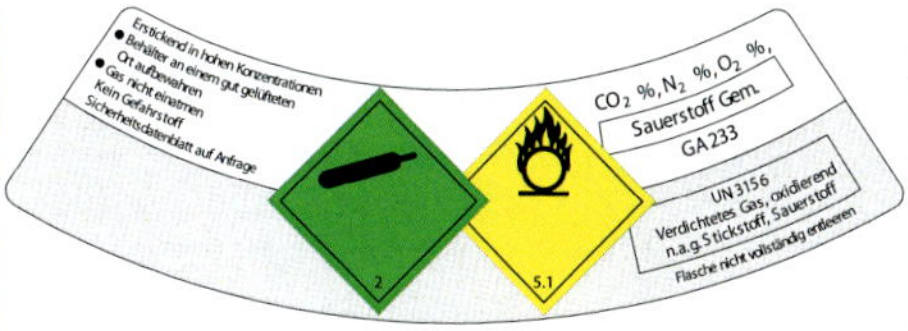

- Eine Verkleinerung der Gefahrzettel sowie des Kennzeichens für umweltgefährdende Stoffe ist gemäß ISO 7225:2005 zulässig.
- Ein Überlappen der Gefahrzettel ist in Ausnahmefällen erlaubt, sofern die Hauptgefahr, die Symbole und die Ziffern deutlich erkennbar bleiben.

2.1.4 Besondere Vorschriften für die Bezettelung von selbstzersetzlichen Stoffen und organischen Peroxiden

Besonderheiten müssen bei selbstzersetzlichen Stoffen und organischen Peroxiden beachtet werden. Hier können die Gefahrzettel der Nebengefahr nicht direkt aus der Stofftabelle abgelesen werden. Daher müssen die Vorschriften 5.2.2.1.9 ADR/IMDG-Code bzw. 5.2.2.1.10 IMDG-Code beachtet werden.

Für namentlich genannte selbstzersetzliche Stoffe und organische Peroxide sind die anzubringenden Gefahrzettel im Verzeichnis des Unterabschnitts 2.2.41.4 und 2.2.52.4 ADR angegeben sowie in Unterabschnitt 2.4.2.3.2.3 und 2.5.3.2.4 IMDG-Code.

2.1.5 Besonderheiten der Klasse 6.2

Versandstücke mit ansteckungsgefährlichen Stoffen der Klasse 6.2 sind gemäß ihrer Klassifizierung mit den entsprechenden Gefahrzetteln und Kennzeichen zu versehen. Die Anforderungen ergeben sich teils aus den Verpackungsanweisungen, teils aus Abschnitt 2.2.62 des ADR sowie aus den entsprechenden Bestimmungen des IMDG-Codes. Aus diesem Grund sind die relevanten Vorgaben nachfolgend zusammengefasst.

Kategorie A • UN 2814 • UN 2900		• Kennzeichnung mit UN-Nummer • Ggf. offizielle Benennung (nur IMDG-Code), z.B.: INFECTIOUS SUBSTANCE, AFFECTING HUMANS • Gefahrzettel Nr. 6.2 • Ausrichtungspfeile bei flüssigen Stoffen
UN 3373 BIOLOGISCHER STOFF, KATEGORIE B	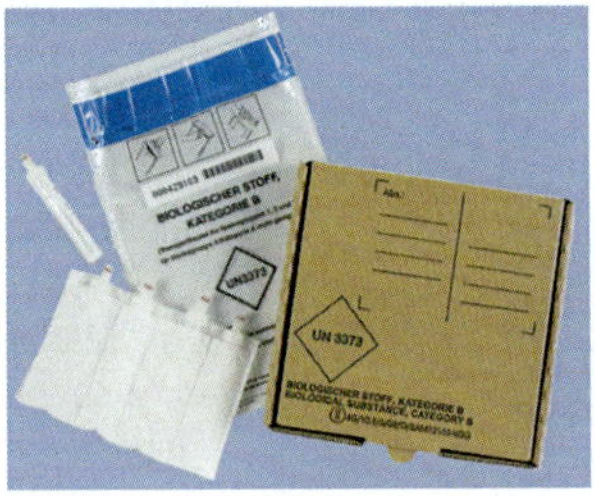 	• Raute mit UN-Nummer • Mindestgröße: 50 mm x 50 mm • Strichbreite der Linie mind. 2 mm • Offizielle Benennung: Biologischer Stoff, Kategorie B • Buchstaben und Ziffern mind. 6 mm • Umverpackung: Wiederholung der Kennzeichnung, wenn außen nicht sichtbar
Patientenproben, bei denen (nur) eine minimale Wahrscheinlichkeit besteht, dass sie Krankheitserreger enthalten.		**Kennzeichnung mit** • FREIGESTELLTE MEDIZINISCHE PROBE oder • FREIGESTELLTE VETERINÄRMEDIZINISCHE PROBE
Medizinische Instrumente oder Geräte, die möglicherweise mit ansteckungsgefährlichen Stoffen kontaminiert wurden.		**Kennzeichnung mit** • GEBRAUCHTES MEDIZINISCHES INSTRUMENT • GEBRAUCHTES MEDIZINISCHES GERÄT

Wird Trockeneis zur Kühlung verwendet, muss zusätzlich die Aufschrift: KOHLENDIOXID, FEST (TROCKENEIS), ALS KÜHLMITTEL aufgebracht werden.

Zusätzlich zum Gefahrzettel Muster Nr. 6.2 müssen Versandstücke mit ansteckungsgefährlichen Stoffen mit allen anderen Gefahrzetteln versehen sein, die durch die Eigenschaften des Inhalts erforderlich sind. Das gilt zum Beispiel für den Versand ansteckungsgefährlicher Stoffe in Kryo-Behältern mit flüssigem Stickstoff (Gefahrzettel 2.2).

2.1.6 Besonderheiten bei Gegenständen

Versandstücke, die Gegenstände mit Gefahrgut enthalten (UN 3537 bis UN 3548), sowie Gegenstände, die unverpackt befördert werden, müssen gemäß Unterabschnitt 5.2.2.1 mit Gefahrzetteln versehen sein, die die gemäß Abschnitt 2.1.5 festgestellten Gefahren wiedergeben, es sei denn, für Gegenstände, die zusätzlich Lithiumbatterien oder Natrium-Ionen-Batterien enthalten, ist ein Kennzeichen für Batterien oder ein Gefahrzettel nach Muster 9A nicht erforderlich.

2.2 Kennzeichnung von Versandstücken

Hinweis: Die Vorschriften zur Kennzeichnung von Versandstücken befinden sich im Abschnitt 5.2.1 in den Vorschriften des ADR und IMDG-Codes.

Neben der Bezettelung mit Gefahrzetteln müssen Versandstücke mit Kennzeichen versehen werden, die für den Transport wichtig sind:

ADR: IMDG-Code:

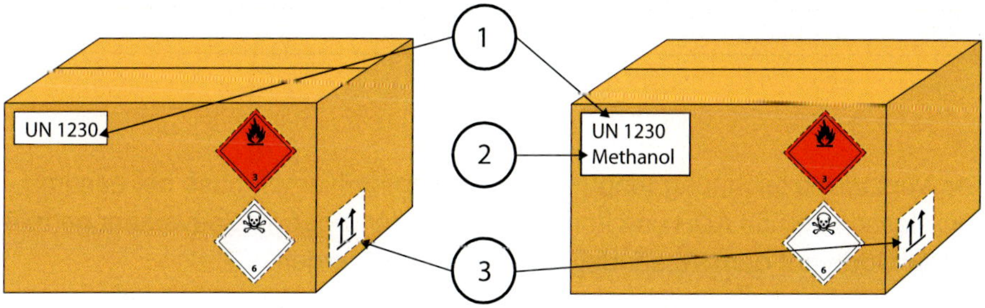

1. **UN-Nummer**
   Die UN-Nummer besteht aus einer vierstelligen Zahl, der die Buchstaben „UN“ vorangestellt sind (z. B. UN 1230 für Methanol).
2. **Versandbezeichnung (richtiger technischer Name)**
   Die Versandbezeichnung ist im Straßenverkehr (ADR) in der Regel nicht erforderlich, mit Ausnahme bestimmter Klassen, z. B. der Klasse 1 (explosive Stoffe). Im Seeverkehr (IMDG-Code) ist die Versandbezeichnung hingegen zwingend vorgeschrieben.
3. **Ausrichtungspfeile**
   Diese zeigen die richtige Position der Verpackung an und sind u.a. bei flüssigen Stoffen in Innenverpackungen vorgeschrieben.

2.2.1 Kennzeichnung mit der UN-Nummer

Zur Kennzeichnung gehört im Wesentlichen die UN-Nummer, der stets die Buchstaben „UN“ (United Nations) vorangestellt sind, gefolgt von der jeweils vierstelligen Nummer. Die UN-Nummer muss deutlich und dauerhaft auf dem Versandstück angebracht werden. Die Schriftgröße beträgt standardmäßig 12 mm, kann aber, wie unten dargestellt, in Abhängigkeit von der Größe des Versandstücks verkleinert werden.

Größe des Versandstückes	Mindesthöhe der Zeichen
Standard	12 mm
≤ 30 Liter Fassungsraum oder ≤ 30 kg Nettomasse	6 mm
Flaschen ≤ 60 Liter (mit Wasser ausgelitert)	6 mm
≤ 5 Liter Fassungsraum oder ≤ 5 kg Nettomasse	angemessene Größe
Unverpackte Gegenstände	Kennzeichnung direkt auf dem Gegenstand, Schlitten oder Handhabungs-/Lagerungseinrichtung

2.2.2 Kennzeichnung mit der Versandbezeichnung

Die Versandbezeichnung (engl.: Proper Shipping Name) muss bei bestimmten Klassen gemäß ADR und immer bei Beförderungen im Seeverkehr gemäß IMDG-Code auf dem Versandstück angegeben werden.

Die Versandbezeichnung findet man jeweils in Spalte 2 der Tabelle A des ADR bzw. der Gefahrgutliste des IMDG-Codes, im ADR „Benennung und Beschreibung“ und im IMDG-Code „Richtiger technischer Name“ genannt. Es handelt sich um den in Großbuchstaben gedruckten Teil.

Der richtige technische Name bei Gattungseintragungen und „nicht anderweitig genannt“-Eintragungen (N.A.G.), denen in Spalte 6 die Sondervorschrift 274 oder 318 zugeordnet ist, ist mit der technischen Benennung des Gutes zu ergänzen. Sie kann zum Beispiel aus dem Sicherheitsdatenblatt entnommen werden und wird in der Klammer nach n.a.g. angehängt.

Beispiel:
UN 3265 ÄTZENDER SAURER ORGANISCHER FLÜSSIGER STOFF, N.A.G. (Caprylylchlorid) oder
UN 3265 CORROSIVE LIQUID, ACIDIC, ORGANIC, N.O.S. (caprylyl chloride)

Anforderungen nach ADR

- Klasse 1 (explosive Stoffe und Gegenstände):
  Auf Versandstücken mit Gütern der Klasse 1 muss die offizielle Versandbezeichnung in einer oder mehreren Sprachen angegeben werden. Eine dieser Sprachen muss Deutsch, Englisch oder Französisch sein.
- Klasse 2 (Gase):
  Auf wiederbefüllbaren Gefäßen mit Gefahrgütern der Klasse 2 muss ebenfalls die Versandbezeichnung dauerhaft angebracht sein.

Anforderungen nach IMDG-Code

Im Seeverkehr (nach IMDG-Code) muss jedes Versandstück mit der UN-Nummer und der Versandbezeichnung (mit dem richtigen technischen Namen) gekennzeichnet sein.

Beispiel:

UN-Nummer	Richtiger technischer Name	Klasse	Zusatzgefahr	Verpackungsgruppe	Sondervorschriften	Begrenzte und freigestellte Mengen		Verpackungen		IBC	
						Begrenzte Mengen	Freigestellte Mengen	Anweisung(en)	Sondervorschriften	Anweisung(en)	Sondervorschriften
(1)	(2) 3.1.2	(3) 2.0	(4) 2.0	(5) 2.0.1.3	(6) 3.3	(7a) 3.4	(7b) 3.5	(8) 4.1.4	(9) 4.1.4	(10) 4.1.4	(11) 4.1.4
3265	ÄTZENDER SAURER ORGANISCHER FLÜSSIGER STOFF, N.A.G. CORROSIVE LIQUID, ACIDIC, ORGANIC, N.O.S.	8	-	I	274	0	E0	P001		-	-

Fass aus Stahl mit Gefahrgut

	• Gefahrzettel für die Klasse 8 • UN-Nummer 3265 • Versandbezeichnung: – ÄTZENDER SAURER ORGANISCHER FLÜSSIGER STOFF, N.A.G. (Caprylylchlorid) UN 3265 oder – CORROSIVE LIQUID, ACIDIC, ORGANIC, N.O.S. (caprylyl chloride) UN 3265 • Kennzeichen für umweltgefährdende Stoffe Hinweis: Hier ist auch die Bauartzulassung ersichtlich (wird hier nicht näher behandelt).

2.2.3 Kennzeichnung mit Ausrichtungspfeilen

Bestimmte Versandstücke müssen mit Ausrichtungspfeilen gekennzeichnet werden:

- zusammengesetzte Verpackungen mit flüssigen Innenverpackungen
- Einzelverpackungen mit Lüftungseinrichtungen
- geschlossene oder offene Kryo-Behälter für tiefgekühlt verflüssigte Gase
- Maschinen oder Geräte mit flüssigen Gefahrgütern (wenn sie in einer bestimmten Lage bleiben müssen)

Die Ausrichtungspfeile müssen auf **zwei gegenüberliegenden senkrechten Seiten** des Versandstücks angebracht sein, wobei die Pfeile korrekt nach oben zeigen. Beim Verpacken in zusammengesetzten Verpackungen muss darauf geachtet werden, dass die Innenverpackungen entsprechend der Richtung der Pfeile ausgerichtet werden. Diese müssen so dimensioniert sein, dass sie in Relation zur Größe des Versandstücks deutlich erkennbar sind.

Praxistipp:

Unterweisen Sie Ihre Mitarbeiter regelmäßig, dass die Pfeile beim Verladen oder beim Packen von Umverpackungen immer nach oben zeigen müssen! Klingt zwar logisch, in der Praxis wird es jedoch häufig falsch gemacht.

Ausrichtungspfeile

<table>
<tr><td></td><td></td></tr>
<tr><td colspan="2">• Zwei schwarze oder rote Pfeile auf weißem oder ausreichend kontrastierendem Grund.
• Der rechteckige Rahmen ist optional.
• Die Proportionen aller charakteristischen Merkmale müssen den abgebildeten in etwa entsprechen.</td></tr>
</table>

2.2.4 Kennzeichnung von umweltgefährdenden Stoffen

Versandstücke mit gefährlichen Gütern der Klassen 1 bis 9, die zusätzlich eine umweltgefährdende Eigenschaft gemäß Abschnitt 2.2.9.1.10 ADR bzw. 2.9.3 IMDG-Code aufweisen, sind mit dem Kennzeichen für umweltgefährdende Stoffe zu versehen. Das Kennzeichen muss gut sichtbar und lesbar sein sowie witterungsbeständig; bei Versand gemäß IMDG-Code zusätzlich drei Monate seewasserfest. Von der Kennzeichnung kann abgesehen werden, wenn die unten dargestellten Anforderungen eingehalten werden. In diesem Fall sind die Versandstücke nur mit Gefahrzettel und UN-Nummer (ggf. weiteren Kennzeichnungen) zu markieren.

Merke:

Umweltgefährdende Stoffe in Einzelverpackungen und zusammengesetzten Verpackungen, sofern diese Einzelverpackungen oder die Innenverpackungen dieser zusammengesetzten Verpackungen

- für flüssige Stoffe eine Menge von höchstens 5 l haben oder
- für feste Stoffe eine Nettomasse von höchstens 5 kg haben,

müssen nicht mit dem Kennzeichen für umweltgefährdende Stoffe beklebt werden. Das betrifft alle Gefahrgüter der Klassen 1 bis 9, wenn zusätzlich eine umweltgefährdende Eigenschaft vorliegt.

Für die beiden UN-Nummern

- UN 3082 Umweltgefährdender Stoff, flüssig, n.a.g. und
- UN 3077 Umweltgefährdender Stoff, fest, n.a.g.,

die nur aufgrund ihrer umweltgefährdenden Eigenschaften in die Klasse 9 klassifiziert sind, kann die Sondervorschrift 375 angewendet werden. Diese ermöglicht unter den genannten Bedingungen eine komplette Befreiung von den Gefahrgutvorschriften (die zuvor genannte Ausnahme befreit **„nur"** von der Anbringung des Kennzeichens für umweltgefährdende Stoffe).

SV 375: Diese Stoffe unterliegen, wenn sie in Einzelverpackungen oder zusammengesetzten Verpackungen mit einer Nettomenge von höchstens 5 l flüssiger Stoffe oder einer Nettomasse von höchstens 5 kg fester Stoffe je Einzel- oder Innenverpackung befördert werden, nicht den übrigen Vorschriften des ADR, vorausgesetzt, die Verpackungen entsprechen den allgemeinen Vorschriften der Unterabschnitte 4.1.1.1, 4.1.1.2 und 4.1.1.4 bis 4.1.1.8.

Beschreibung des Kennzeichens für umweltgefährdende Stoffe

	• Mindestgröße: 100 mm × 100 mm • Verkleinerungen: u.U. zulässig, Proportionen müssen erhalten bleiben • Farbe: Schwarz auf weißem Grund (alternativ auf einem ausreichend kontrastierenden Hintergrund; dadurch ist auch ein einfarbiger Druck möglich, da es sich hier um keinen Gefahrzettel, sondern um ein Kennzeichen handelt) • Rahmenlinie: mindestens 2 mm breit Im Gegensatz zu den Gefahrzetteln ist bei diesem Kennzeichen die schwarze äußere Umrandung Teil der Darstellung und darf nicht entfallen. Dies unterscheidet sich von den Gefahrzetteln, bei denen die äußere Linie (gestrichelt oder durchgezogen) nicht zwingend Bestandteil des Gefahrzettels ist.

Ob ein Stoff die Kriterien des Unterabschnitts 2.2.9.1.10 ADR bzw. des Abschnitts 2.9.3 IMDG-Code erfüllt und somit als umweltgefährdend gekennzeichnet werden muss, lässt sich nicht direkt aus der Tabelle A des ADR bzw. der Gefahrgutliste des IMDG-Codes ablesen.

Hilfreich ist in diesem Fall ein Blick in das Sicherheitsdatenblatt des Stoffes: Unter Punkt 14 „Angaben zum Transport" sind die Beförderungsanforderungen aufgeführt. Dort finden sich neben der UN-Nummer und weiteren stoffspezifischen Angaben auch Hinweise zur Umweltgefahr, sofern dies zutrifft.

ABSCHNITT 14: Angaben zum Transport

	ADR/RID	ADN	IMDG-Code	IATA
14.1 UN-Nummer	UN 1203	UN 1203	UN 1203	UN 1203
14.2 Ordnungsgemäße UN-Versandbezeichnung	BENZIN oder OTTOKRAFTSTOFF	BENZIN oder OTTOKRAFTSTOFF	BENZIN oder OTTOKRAFTSTOFF	BENZIN oder OTTOKRAFTSTOFF
14.3 Transportgefahrenklassen	3 	3 	3 	3 
14.4 Verpackungsgruppe	II	II	II	II
14.5 Umweltgefahren	Ja	Ja	Ja	Ja. Eine Kennzeichnung als umweltgefährdender Stoff ist nicht erforderlich.
Zusätzliche Informationen	Die Kennzeichnung als umweltgefährdender Stoff ist nicht erforderlich, wenn dieser Stoff in Mengen von ≤ 5 l oder ≤ 5 kg transportiert wird. **Nummer zur Kennzeichnung der Gefahr:** 33 **Tunnelcode:** D/E	Die Kennzeichnung als umweltgefährdender Stoff ist nicht erforderlich, wenn dieser Stoff in Mengen von ≤ 5 l oder ≤ 5 kg transportiert wird. **Bemerkungen:** Tabelle C Gefahr 3+N2+C-MR+F	Die Kennzeichnung als Meeresschadstoff ist nicht erforderlich, wenn dieser Stoff in Mengen von ≤ 5 l oder ≤ 5 kg transportiert wird. **Notfallpläne:** F-E, S-E	Die Kennzeichnung als umweltgefährdender Stoff kann vorliegen, wenn diese durch sonstige Transportvorschriften erforderlich ist.

Im IMDG-Code wird neben dem Begriff „umweltgefährdend“ aus historischen Gründen in Kapitel 2.10 auch der Ausdruck „Meeresschadstoff“ (Marine Pollutant) verwendet. Dazu enthält der IMDG-Code in Spalte 4 der Gefahrgutliste eine zusätzliche Kennzeichnung:

- Der Buchstabe **„P“** weist darauf hin, dass der Stoff als Meeresschadstoff eingestuft ist.

Versandstücke mit Gefahrgütern, die in der Gefahrgutliste mit einem „P“ gekennzeichnet sind, sind mit dem Kennzeichen für umweltgefährdende Stoffe zu versehen. Dabei ist zu beachten, dass die „P“-Kennzeichnung nicht abschließend ist und keine vollständige Harmonisierung mit den ADR-Vorschriften besteht.

Merke:

Auch wenn in der Gefahrgutliste des IMDG-Codes in Spalte 4 kein „P" vermerkt ist, kann der Stoff dennoch umweltgefährdend sein. Der Grund dafür ist, dass die Einstufungskriterien für das Kennzeichen „P" auf einer anderen Rechtsgrundlage (Anlage III des MARPOL-Übereinkommens 73/78) basieren als die Einstufung nach der CLP-Verordnung.

Die CLP-Einstufung, auf die sich Abschnitt 2.2.9.1.10 des ADR und 2.9.3 des IMDG-Codes bezieht, beschreibt die Gefährdung für die aquatische Umwelt nach den GHS-Kriterien (z. B. akut oder chronisch wassergefährdend). Die Kennzeichnung mit „P" (Marine Pollutant) im IMDG-Code basiert hingegen auf den speziellen Vorgaben des Seeverkehrsrechts und kennzeichnet Stoffe, die eine Gefährdung für die Meeresumwelt darstellen.

Beide Systeme, CLP/ADR-Kriterien und „P"-Einstufung im IMDG-Code, werden parallel angewendet, können aber im Einzelfall zu unterschiedlichen Ergebnissen führen.

Beispiele:

UN 1218 Isopren

UN 1218 Isopren enthält laut Gefahrgutliste des IMDG-Codes in Spalte 4 ein „P" (Marine Pollutant).

UN-Nummer	Richtiger technischer Name	Klasse	Zusatzgefahr	Verpackungsgruppe	Sondervorschriften	Begrenzte und freigestellte Mengen		Verpackungen		IBC	
						Begrenzte Mengen	Freigestellte Mengen	Anweisung(en)	Sondervorschriften	Anweisung(en)	Sondervorschriften
(1)	(2) 3.1.2	(3) 2.0	(4) 2.0	(5) 2.0.1.3	(6) 3.3	(7a) 3.4	(7b) 3.5	(8) 4.1.4	(9) 4.1.4	(10) 4.1.4	(11) 4.1.4
1218	ISOPREN, STABILISIERT ISOPRENE, STABILIZED	3	P	I	386	0	E3	P001	-	-	-

Das bedeutet: Das Kennzeichen für umweltgefährdende Stoffe muss, sofern keine der oben genannten Ausnahmen zutrifft (5-Liter-Grenze), angebracht werden.

Laut der BAM-Gefahrgutdatenbank ist Isopren jedoch nicht zwingend als umweltgefährdend im Sinne der CLP-Verordnung einzustufen und damit auch nicht nach 2.2.9.1.10 ADR eingestuft. Im Straßenverkehr (ADR) muss daher auf die Kennzeichnung für umweltgefährdende Stoffe verzichtet werden, sofern keine anderen Informationen vorliegen.

Praxistipp:

Im multimodalen Verkehr Straße/See stellt das aber kein Problem dar, da das ADR die Kennzeichnung anderer Verkehrsträger (z. B. See) anerkennt. Für diese Fälle gibt es unter 1.1.4.2 ADR eine Regelung, die auch im Beförderungspapier genannt werden muss.

UN 1202 Heizöl (leicht)

UN 1202 Heizöl, leicht ist sowohl im ADR als auch im IMDG-Code als umweltgefährdender Stoff klassifiziert (vgl. hierzu auch RSEB 2-19.2), obwohl im IMDG-Code kein „P" in Spalte 4 enthalten ist. Die Umschließungen müssen daher immer mit dem Kennzeichen für umweltgefährdende Stoffe versehen werden (Ausnahmen siehe zuvor). Diese Einstufung ergibt sich in der Regel auch aus dem Sicherheitsdatenblatt (Punkt 14 „Angaben zum Transport").

Merke:

Für neue paraffinische Dieselkraftstoffe (HVO - Hydrotreated Vegetable Oil) gilt das nicht, da sie nicht als umweltgefährdend eingestuft sind.

UN 3082 Umweltgefährdender Stoff, flüssig, n.a.g.

Kiste aus Pappe

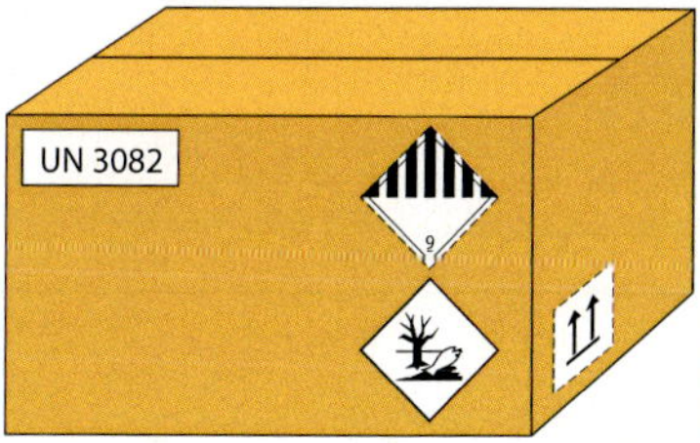

- UN-Nummer: UN 3082
- Versandbezeichnung: Umweltgefährdender Stoff, flüssig, n.a.g. (technische Benennung nur im Seeverkehr)
- Gefahrzettel Nr. 9
- Kennzeichen für umweltgefährdende Stoffe (Symbol: Fisch und Baum)
- Ausrichtungspfeile auf zwei gegenüberliegenden Seiten (da es sich um einen flüssigen Stoff handelt)

UN 1203 Benzin

Benzin (UN 1203) erfüllt ebenfalls die Kriterien für einen umweltgefährdenden Stoff. Daher müssen neben dem Gefahrzettel für die Klasse 3 („Entzündbare flüssige Stoffe") zusätzliche Kennzeichen angebracht werden.

IBC im Straßenverkehr

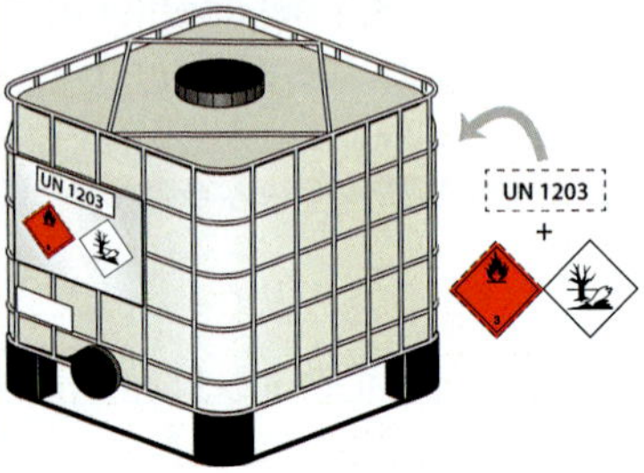	• UN-Nummer: UN 1203 • Versandbezeichnung: nicht erforderlich, da lediglich ein Straßentransport geplant ist • Gefahrzettel Nr. 3 • Kennzeichen für umweltgefährdende Stoffe (Symbol: Fisch und Baum) • Kennzeichnung und Bezettelung auf zwei gegenüberliegenden Seiten • Ausrichtungspfeile: nicht erforderlich, da es sich um keine zusammengesetzte Verpackung handelt

2.2.5 Kennzeichnung von Bergungsverpackungen

Bergungsverpackungen (einschließlich Bergungsgroßverpackungen) und Bergungsdruckgefäße müssen zusätzlich zur allgemeinen Kennzeichnung und Bezettelung mit dem Wort „BERGUNG" versehen werden.

Fass in der Verwendung als Bergungsverpackung im Straßenverkehr

	• Kennzeichnung „Bergung / Salvage" Buchstabenhöhe mind. 12 mm • UN-Nummer: UN 1230 • Richtige Versandbezeichnung: im ADR nicht erforderlich • Gefahrzettel Nrn. 3 und 6.1

2.2.6 Kennzeichnung von Umverpackungen

Werden Versandstücke zur Bildung einer Ladeeinheit auf einer Palette, in einer Gitterbox oder in einer zusätzlichen Kiste zusammengefasst, spricht man von einer Umverpackung.

Kiste aus Pappe als Umverpackung von Versandstücken (Kanister)

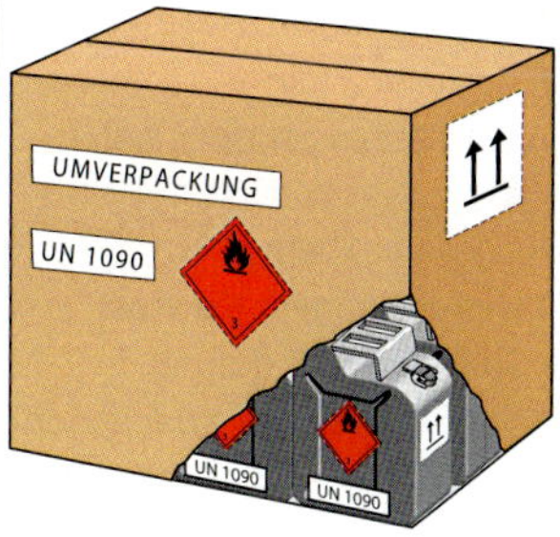

- Kennzeichnung mit dem Wort „Umverpackung" (ADR/IMDG-Code) bzw. „Overpack" (IMDG-Code) mind. 12 mm Schriftgröße.
- In Deutschland darf im Straßenverkehr (ADR) alternativ auch das Wort „Overpack" oder „Suremballage" verwendet werden (vgl. RSEB).
- Alle Kennzeichen und Bezettelungen, die sich auf den einzelnen Versandstücken befinden, müssen auf der Umverpackung wiederholt werden. Es ist ausreichend, jeden Gefahrzettel oder das Kennzeichen für umweltgefährdende Stoffe nur einmal anzubringen, auch wenn mehrere Versandstücke enthalten sind.

Seeverkehr:

- Die Kennzeichnung muss lesbar und witterungsbeständig angebracht werden.
- Gefahrzettel müssen für drei Monate seewasserfest sein.

Merke:

Viele tun sich schwer, den Unterschied zwischen einem Versandstück und einer Umverpackung zu erkennen. Ein Versandstück ist immer die kleinste versandfertige Einheit, die gemäß der jeweiligen Verpackungsanweisung hergestellt wird, einschließlich der vorgeschriebenen Gefahrzettel und Kennzeichnungen. In einer Umverpackung werden dann mehrere Versandstücke zusammengefasst. Wird eine Umverpackung geöffnet, findet man darin gekennzeichnete und bezettelte Versandstücke. Man kommt daher nicht mit dem Gefahrgut selbst in Berührung.

Die Umverpackung dient – wie oben beschrieben – ausschließlich der Bildung einer logistischen Einheit. Sie hat keine Schutzfunktion im Sinne des ADR oder IMDG-Codes. Die Schutzfunktion liegt allein in der Verpackung des Versandstücks.

2.2.7 Kennzeichnung von Versandstücken gemäß Kapitel 3.4 und 3.5

Versandstücke, die den Vorgaben des Kapitels 3.4 „Begrenzte Mengen" oder des Kapitels 3.5 „Freigestellte Mengen" entsprechen, müssen nicht mit Gefahrzetteln markiert werden. Stattdessen sind für alle Klassen jeweils einheitliche Kennzeichen zu verwenden.

Kennzeichen für Versandstücke in begrenzten Mengen „LQ“

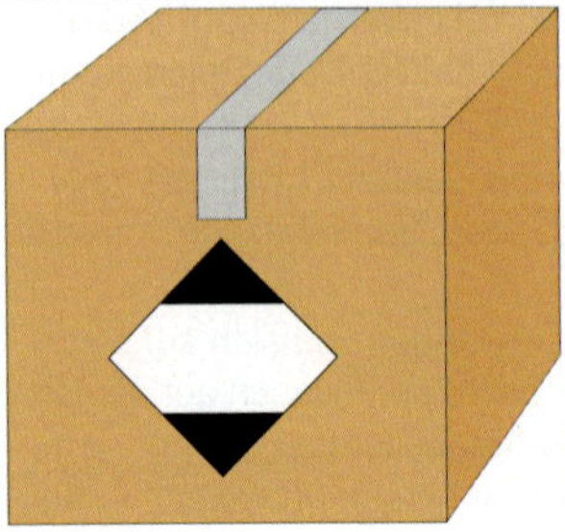

- Mindestgröße: 100 mm × 100 mm
- Mindestbreite der Begrenzungslinie: 2 mm
- Verkleinerung: bis auf 50 mm × 50 mm zulässig, sofern die Verpackung dies erfordert
- Mindestbreite der Begrenzungslinie: 1 mm
- Hintergrund: weiß oder mit ausreichendem Kontrast
- Form: quadratisch, auf die Spitze gestellt (Raute)
- Ausrichtungspfeile: bei flüssigen Stoffen auf zwei gegenüberliegenden Seiten erforderlich
- Umverpackungen müssen mit dem Wort „UMVERPACKUNG“ und dem LQ-Kennzeichen versehen werden, sofern nicht alle Kennzeichnungen der enthaltenen Versandstücke von außen erkennbar sind, Schriftgröße 12 mm

Kennzeichen für Versandstücke in freigestellten Mengen „EQ“

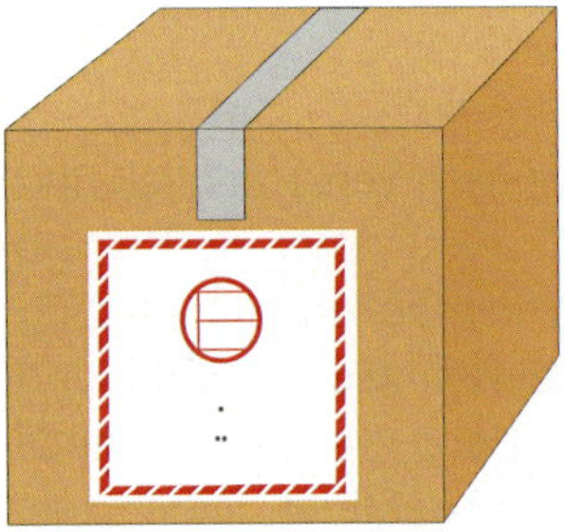

- Mindestgröße: 100 mm × 100 mm
- Verkleinerung: nicht zulässig
- Rahmen: gestrichelter, roter oder schwarzer Rand
- Hintergrund: weiß oder mit ausreichendem Kontrast
- Symbol: roter oder schwarzer Kreis mit dem Buchstaben „E“ in der oberen Hälfte
- Form: Quadrat
- Material: dauerhaft und witterungsbeständig
- Umverpackungen müssen mit dem Wort „UMVERPACKUNG“ und dem EQ-Kennzeichen versehen werden sofern nicht alle Kennzeichnungen der enthaltenen Versandstücke von außen erkennbar sind, Schriftgröße 12 mm

* Nummer der Klasse(n) oder Unterklasse(n)

** Platz für den Namen des Absenders oder Empfängers

2.2.8 Kennzeichnung von Batterien gemäß SV 188

Versandstücke mit „kleinen“ Lithium- oder Natrium-Ionen-Batterien (auch in Geräten) können, sofern alle Anforderungen der Sondervorschrift 188 erfüllt sind, unter erleichterten Bedingungen befördert werden. In diesem Fall müssen die Versandstücke mit dem Batteriekennzeichen nach Abbildung 5.2.1.9.2 ADR bzw. 5.2.1.10.2 IMDG-Code markiert werden.

	Anforderungen an das Kennzeichen • Mindestgröße 100 mm × 100 mm • Reduzierung auf 100 mm × 70 mm zulässig, sofern aufgrund der Größe des Versandstücks erforderlich • Schraffierung 5 mm (rot) • Hintergrund weiß oder ausreichend kontrastierender Hintergrund • Das * muss durch die UN-Nummer(n) ersetzt werden

Merke (nur ADR):

Das Kennzeichen hat sich in den letzten Jahren mehrfach verändert. Gemäß 1.6.1.49 ADR besteht noch eine Übergangsfrist bis zum 31.12.2026 zur Verwendung des alten Kennzeichens, Stand: ADR 2021.

2.2.9 Kennzeichnungen aus Sondervorschriften

Es gibt eine Reihe von Sondervorschriften (SV), die zusätzliche Anforderungen an die Kennzeichnung von Versandstücken stellen. Daher ist es wichtig, neben den allgemeinen Kennzeichnungsvorschriften auch die jeweiligen Sondervorschriften zu prüfen, da diese ergänzende oder abweichende Markierungen und Aufschriften verlangen können.

Beispiele:

SV 376

Versandstücke mit beschädigten oder defekten Batterien müssen mit der entsprechenden Aufschrift versehen sein:

- „BESCHÄDIGTE/DEFEKTE LITHIUM-IONEN-BATTERIEN“
- „BESCHÄDIGTE/DEFEKTE LITHIUM-METALL-BATTERIEN“
- „BESCHÄDIGTE/DEFEKTE NATRIUM-IONEN-BATTERIEN“

Versandstück mit beschädigten Lithiumbatterien im Straßenverkehr

- UN-Nummer
- Gefahrzettel Nr. 9A
- Kennzeichnung nach SV 376: BESCHÄDIGTE/DEFEKTE LITHIUM-IONEN-BATTERIEN
- Seeverkehr: auch auf Englisch und einschließlich Versandbezeichnung

SV 625 (nur ADR):

Versandstücke, die Aerosole (UN 1950) enthalten, müssen deutlich mit der Kennzeichnung „UN 1950 AEROSOLE" versehen sein.

Die Buchstabenhöhe solcher zusätzlichen Kennzeichnungen ist im ADR nicht ausdrücklich festgelegt. Es empfiehlt sich jedoch, sich an den Vorgaben für die Schriftgröße der UN-Nummer zu orientieren, also in der Regel mindestens 12 mm (bzw. die zulässige verkleinerte Größe). Damit wird sichergestellt, dass alle Aufschriften gut lesbar und einheitlich dargestellt sind.

Versandstück aus Pappe

- UN-Nummer
- Gefahrzettel Nr. 2.1
- Aufschrift „Aerosole" wie in SV 625 gefordert

Trockeneis als Sendung und als Kühlmittel gemäß 5.5.3 ADR/IMDG-Code

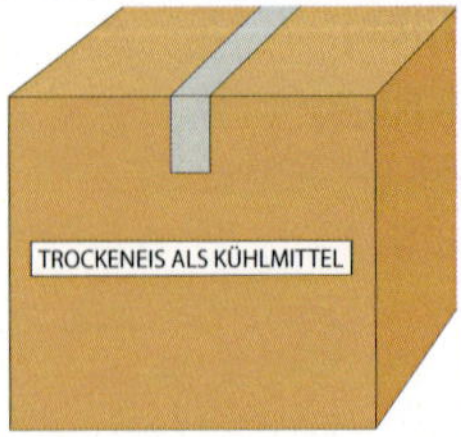

- Versandstücke, die Trockeneis als Sendung enthalten, müssen mit „Kohlendioxid, fest" oder „Trockeneis" gekennzeichnet werden.
- Versandstücke, die Trockeneis als Kühlmittel verwenden, müssen mit dem Text „Trockeneis als Kühlmittel" oder „Trockeneis als Konditionierungsmittel" gekennzeichnet werden.

UN 1845 fällt im ADR nicht unter die Vorschriften. Werden Gefahrgüter gekühlt, sind zusätzlich deren Kennzeichnungs- und Bezettelungsvorschriften einzuhalten. Im Seeverkehr gilt Trockeneis als Kühlmittel; Versandstücke sind mit „DRY ICE AS COOLANT" zu kennzeichnen. Als eigenständige Sendung ist Trockeneis im IMDG-Code jedoch nicht freigestellt.

2.3 Gemeinsamkeiten und Abweichungen zwischen den Verkehrsträgern Straße und See bezogen auf Versandstücke

Die Vorschriften zur Beförderung gefährlicher Güter sind in den verschiedenen Verkehrsträgern weitgehend harmonisiert. Das bedeutet: Die Anforderungen an die Kennzeichnung und Bezettelung von Versandstücken sind im ADR und im IMDG-Code im Wesentlichen gleich aufgebaut.

Es bestehen jedoch einige wenige Abweichungen, die beachtet werden müssen. Die wichtigsten Unterschiede sind in der nachfolgenden Tabelle übersichtlich zusammengefasst:

Thema	ADR	IMDG-Code
Auffinden des/der erforderlichen Gefahrzettel	Die Nummer des Gefahrzettels wird in Spalte 4 der Tabelle A angegeben; zusätzlich, durch ein Plus abgetrennt, die möglichen Nebengefahren.	Die Nummer des Gefahrzettels ist der Spalte 3 der Gefahrgutliste zu entnehmen. Die Zusatz- bzw. Nebengefahr ist in Spalte 4 angegeben.
UN-Nummer auf dem Versandstück	Auf allen Versandstücken erforderlich, sofern keine Ausnahme gilt.	
Richtige Versandbezeichnung (Proper Shipping Name)	Die Angabe ist nur bei bestimmten Klassen (z. B. Klasse 1 und 2) erforderlich.	Die Angabe ist auf jedem Versandstück erforderlich, sofern keine Ausnahmen (begrenzte Menge etc.) angewendet werden.
Seewasserfestigkeit von Kennzeichnung und Bezettelung	–	Kennzeichnung, Gefahrzettel, Warnhinweise müssen drei Monate seewasserbeständig sein.
Umweltgefährdende Stoffe (Fisch/Baum-Kennzeichen) bzw. Meeresschadstoffe („Marine Pollutant")	Kennzeichen für umweltgefährdende Stoffe	Kennzeichen für Meeresschadstoffe Der Eintrag „P" in der Spalte 4 der Gefahrgutliste IMDG-Code muss beachtet werden.
Anforderungen an die Sprache bei Kennzeichnungen wie Versandbezeichnung, Umverpackung oder Bergung	Üblicherweise erfolgt die Beschriftung in der Sprache des Versandlandes; wenn diese nicht Deutsch, Englisch oder Französisch ist, zusätzlich in einer dieser Sprachen.	Für die Kennzeichnung wird üblicherweise die englische Sprache verwendet.

3 Kennzeichnung und Bezettelung von Fahrzeugen und Tanks

Neben der Kennzeichnung von Versandstücken müssen auch Beförderungseinheiten, Tanks und Container gekennzeichnet und bezettelt werden, um auf das besondere Transportgut aufmerksam zu machen. Das Vorgehen unterscheidet sich dabei etwas zwischen dem Straßen- und Seeverkehr.
Folgende Kennzeichnungselemente kommen zum Tragen:

a) die Kennzeichnung mit orangefarbenen Tafeln im Straßenverkehr,
b) die Kennzeichnung mit Großzetteln (Placards) im Straßen- und Seeverkehr und
c) die Kennzeichnung mit UN-Nummer und Versandbezeichnung im Seeverkehr.

Im Straßenverkehr unterscheidet sich vor allem die Beförderungsart „Stückgut" von den Anforderungen für „Tanks" und „lose Schüttung". Weitere Kennzeichnungen, die hier nicht behandelt werden, betreffen Tanks und ergeben sich aus der Zulassung, wie etwa das Anbringen von Tankschildern mit technischen Angaben.

3.1 Kennzeichnung mit orangefarbenen Tafeln

Hinweis: Anforderungen an orangefarbene Tafeln stehen in 5.3.2.2 ADR; im IMDG-Code gibt es diese nicht.

Orangefarbene Tafeln werden im Straßenverkehr dazu verwendet, um Beförderungseinheiten, die gefährliche Güter transportieren, zu kennzeichnen. Es gibt neutrale orangefarbene Tafeln sowie orangefarbene Tafeln mit Nummern. Die Kennzeichnung mit orangefarbenen Tafeln ist erforderlich, wenn es sich um einen regulären Gefahrguttransport oberhalb der Mengengrenze aus 1.1.3.6 ADR handelt*). Beförderungseinheiten, die gefährliche Güter unter freigestellten Bedingungen befördern (z.B. Gefahrgut in begrenzter Menge gemäß Kapitel 3.4 ADR oder Freistellungen aufgrund von Sondervorschriften aus Kapitel 3.3 ADR) sind nicht mit orangefarbenen Tafeln zu kennzeichnen.

*) Eine freiwillige Kennzeichnung mit orangefarbenen Tafel ist möglich, es müssen dann aber alle Vorschriften für kennzeichnungspflichtige Beförderungseinheiten beachtet werden.

Merke:

Unter einer Beförderungseinheit versteht das ADR ein Kraftfahrzeug ohne Anhänger oder eine Einheit aus einem Kraftfahrzeug mit Anhänger. Eine Beförderungseinheit kann somit aus zwei Fahrzeugen bestehen.

Anforderungen an die orangefarbenen Tafeln

<table>
<tr>
<td>Neutrale orangefarbene Tafel

Orangefarbene Tafel mit Nummern
</td>
<td>• Abmessungen:
Standard: 40 cm Breite x 30 cm Höhe
Verkleinerung: 30 cm Breite × 12 cm Höhe, sofern aufgrund der Bauart des Fahrzeugs erforderlich
• Material: witterungsbeständiger Werkstoff
• Farbton: Der genaue Orangeton einschließlich Rückstrahlwert ist in den Vorschriften festgelegt; bei Ausbleichen oder starker Beschädigung sind die Tafeln auszutauschen.
• Feuerfestigkeit: Die Tafeln dürfen sich auch nach 15-minütiger Brandeinwirkung nicht von der Halterung lösen.
• Befestigung: Die Tafeln dürfen sich unabhängig von der Ausrichtung (z.B. nach einem Unfall) nicht lösen oder verschließen.
• Abdecken/Entfernen: Nach dem Entladen oder Reinigen des Tanks müssen die orangefarbenen Tafeln entfernt oder abgedeckt werden. Bei Abdeckung müssen diese einer 15-minütigen Feuereinwirkung standhalten.
• Bei Containern, in denen gefährliche feste Stoffe in loser Schüttung befördert werden, und bei Tankcontainern, MEGC und ortsbeweglichen Tanks dürfen die orangefarbenen Tafeln durch Selbstklebefolie oder Farbanstrich ersetzt werden. Die Vorgaben für die Feuerbeständigkeit gelten in diesem Fall nicht.</td>
</tr>
</table>

Merke:

Orangefarbene Tafeln sind sicher und dauerhaft zu befestigen. Ein Lösen im Brandfall muss ausgeschlossen sein, da sonst wichtige Informationen für Einsatzkräfte verloren gehen können. Befestigungen mit Kabelbindern oder ähnlichen Mitteln sind unzulässig. Magnettafeln erfüllen die Anforderungen an die Feuerbeständigkeit ebenfalls nicht und sind daher ungeeignet. Nach Entladung des Gefahrguts sind die Tafeln zu schließen oder abzudecken.

Erläuterung der Zahlen auf der orangefarbenen Tafel

In der oberen Hälfte steht die Nummer zur Kennzeichnung der Gefahr.

In der unteren Hälfte steht die UN-Nummer des Stoffes oder Gegenstandes.

Die Nummer zur Kennzeichnung der Gefahr besteht aus zwei oder drei Ziffern und kann zusätzlich durch den Buchstaben „X“ ergänzt werden.

Die Nummer steht für die Gefährdung der jeweiligen Klasse:

2	Entweichen von Gas durch Druck oder durch chemische Reaktion
3	Entzündbarkeit von flüssigen Stoffen (Dämpfen) und Gasen oder selbsterhitzungsfähiger flüssiger Stoff
4	Entzündbarkeit von festen Stoffen oder selbsterhitzungsfähiger fester Stoff
5	Oxidierende (brandfördernde) Wirkung
6	Giftigkeit oder Ansteckungsgefahr
7	Radioaktivität
8	Ätzwirkung
9	Gefahr einer spontanen heftigen Reaktion
X	Reagiert gefährlich mit Wasser

Eine Verdoppelung der Ziffer der Nummer zur Kennzeichnung der Gefahr weist auf eine Erhöhung der entsprechenden Gefahr hin.

Beispiel:

- Die Zahl 30 steht für einen entzündbaren flüssigen Stoff (Flammpunkt von 23 °C bis einschließlich 60 °C).
- Die Zahl 33 steht für einen leicht entzündbaren flüssigen Stoff (Flammpunkt unter 23 °C).

Die Nummer zur Kennzeichnung der Gefahr kann aus Spalte 20 der Tabelle A des ADR entnommen werden:

ortsbewegliche Tanks und Schüttgut-Container		RID-Tanks		Fahrzeug für die Beförderung in Tanks	Beförderungskategorie (Tunnelbeschränkungscode)	Sondervorschriften für die Beförderung				Nummer zur Kennzeichnung der Gefahr	UN-Nummer
Anweisungen	Sondervorschriften	Tankcodierung	Sondervorschriften			Versandstücke	lose Schüttung	Be- und Entladung, Handhabung	Betrieb		
4.2.5.2 7.3.2	4.2.5.3	4.3	4.3.5 + 6.8.4	9.1.1.2	1.1.3.6 (8.6)	7.2.4	7.3.3	7.5.11	8.5	5.3.2.3	
(10)	**(11)**	**(12)**	**(13)**	**(14)**	**(15)**	**(16)**	**(17)**	**(18)**	**(19)**	**(20)**	**(1)**
T4	TP1	LGBF	TU9	FL	2 (D/E)				S2 S20	33	1203

Darstellungen und Beispiele zur Anbringung dieser Tafeln in Verbindung mit Großzetteln sind im folgenden Abschnitt aufgeführt.

3.1.1 Kennzeichnung mit orangefarbenen Tafeln bei der Beförderung von Stückgut im Straßenverkehr

Beförderungseinheiten, die gefährliche Güter in Versandstücken transportieren, müssen nur an der Vorder- und Rückseite mit neutralen, rechteckigen, senkrecht angebrachten orangefarbenen Tafeln gekennzeichnet werden.

Beförderungseinheit mit Gefahrgut über 1000 Punkte

- Kennzeichnung mit orangefarbenen Tafeln vorn und hinten an der Beförderungseinheit
- Breite 40 cm x Höhe 30 cm

Bei einem Lastzug müssen sich die orangefarbenen Tafeln sowohl am Zugfahrzeug als auch am Anhänger befinden. Dies gilt auch, wenn sich das Gefahrgut ausschließlich auf dem Zugfahrzeug befindet. Bei einem Sattelzug müssen die Tafeln an der Vorderseite der Zugmaschine (wie dargestellt) und an der Rückseite angebracht werden.

Merke:

Ist es aufgrund der Fahrzeugbauart erforderlich, darf die orangefarbene Tafel auf 30 cm × 12 cm verkleinert werden. Dies ist beispielsweise beim Einsatz eines Transporters gelegentlich der Fall. In solchen Fällen darf vorn die verkleinerte Tafel angebracht werden, während hinten die normale Tafel verwendet werden muss, sofern ausreichend Platz vorhanden ist. Wichtig ist, dass die Tafeln senkrecht an Front und Heck angebracht werden – eine schräge Montage, etwa auf der Motorhaube, ist nicht zulässig.

3.1.2 Kennzeichnung mit orangefarbenen Tafeln bei der Beförderung in loser Schüttung und in Tanks

Grundsätzlich müssen Beförderungseinheiten an der Vorder- und Rückseite mit neutralen Warntafeln gekennzeichnet werden. Zusätzlich müssen an Tanks und Containern mit Gefahrgut in loser Schüttung seitlich orangefarbene Tafeln mit Nummern angebracht werden. Bei Mehrkammer-Tankfahrzeugen ist die Anbringung der Tafeln an jedem einzelnen Tankabteil erforderlich.

Wie oft in den Gefahrgutvorschriften, gibt es von diesem Grundsatz auch Abweichungen:

a) Bei Beförderungseinheiten, etwa Tankfahrzeugen, in denen nur ein gefährlicher Stoff (und kein nicht gefährlicher Stoff) befördert wird, kann auf die seitliche Anbringung der orangefarbenen Tafeln verzichtet werden, wenn die vorn und hinten angebrachten Tafeln die erforderlichen Nummern zur Kennzeichnung der Gefahr und die UN-Nummer enthalten.

b) Bei Tankfahrzeugen oder Beförderungseinheiten, in denen Brenn- bzw. Treibstoffe (UN 1202, UN 1203, UN 1223, UN 1268, UN 1863 oder UN 3475) in einer oder mehreren Kammern befördert werden, kann auf die seitliche Anbringung der orangefarbenen Tafeln verzichtet werden, wenn vorn und hinten orangefarbene Tafeln mit der Gefahrnummer und UN-Nummer des Stoffs mit dem niedrigsten Flammpunkt angebracht sind. Ist UN 3475 beteiligt, müssen die Daten für UN 3475 verwendet werden.

Wenn die orangefarbenen Tafeln außerhalb des Trägerfahrzeugs nicht sichtbar sind, weil zum Beispiel ein Tankcontainer unter der Plane befördert wird, müssen die gleichen Tafeln außen wiederholt werden. Ausgenommen davon sind Beförderungen in loser Schüttung, Tanks und MEGC mit einem höchstzulässigen Fassungsraum von 3 000 Litern.

Bei bestimmten Beförderungsarten, wie z. B. beim Lieferverkehr von Heizöl, kann es erforderlich sein, dass ein Anhänger von der Beförderungseinheit abgetrennt und vorübergehend abgestellt wird. In diesem Fall muss die orangefarbene Warntafel am Anhänger geöffnet bleiben. Die weiterfahrende Beförderungseinheit muss selbstverständlich an der Vorder- und Rückseite mit orangefarbenen Warntafeln versehen sein.

Merke:

Die „1000-Punkte-Regel“ darf nur auf Beförderungen mit Versandstücken angewendet werden, daher gibt es für Beförderungen in Tanks und in loser Schüttung keine Mindermengenregelung. Selbst leere, ungereinigte Tanks oder Container müssen vollständig gekennzeichnet werden.

Standardkennzeichnung eines Tankfahrzeugs

- Kennzeichnung mit orangefarbenen Tafeln vorn und hinten an der Beförderungseinheit
- Zusätzlich sind orangefarbene Tafeln mit Gefahrnummer und UN-Nummer an den beiden Längsseiten des Tanks anzubringen
- Gefahrnummer: 223 für ein tiefgekühlt verflüssigtes Gas, entzündbar
- UN-Nummer: 1966 für WASSERSTOFF, TIEFGEKÜHLT, FLÜSSIG
- Großzettel (Erläuterung siehe 3.2) Nr. 2 an den beiden Längsseiten und hinten
- Alternativ: auf die seitlichen orangefarbenen Tafeln kann verzichtet werden, wenn die neutralen orangefarbenen Tafeln vorn und hinten durch orangefarbene Tafeln mit Nummern ersetzt werden.

3.2 Kennzeichnung mit Großzetteln (Placards) im Straßen- und Seeverkehr

Hinweis: Die Anforderungen an die Kennzeichnung mit Großzetteln ergeben sich aus 5.3 ADR/IMDG-Code.

Neben der Kennzeichnung mit orangefarbenen Tafeln besteht die Pflicht zur Anbringung von Großzetteln (Placards). Dies sind vergrößerte Gefahrzettel, die zur Kennzeichnung an der Außenseite von Güterbeförderungseinheiten wie Fahrzeugen, Tanks und Containern anzubringen sind.

Großzettel müssen den vorgeschriebenen Gefahrzetteln entsprechen; welche anzubringen sind, regeln Tabelle A ADR bzw. die Gefahrgutliste des IMDG-Codes.

Anforderungen an Placards (Großzettel)

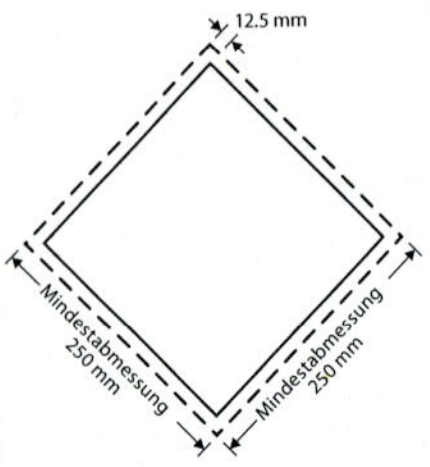

- Abmessungen: mind. 250 mm × 250 mm
- Form: quadratisch und auf die Spitze gestellt
- Farbe und Symbolik: entsprechend den Vorgaben für Gefahrzettel gemäß ADR/IMDG-Code
- Material: wetterfest, ausbleichsicher, gut sichtbar und dauerhaft befestigt
- Hintergrund: auf farblich kontrastierendem Untergrund oder mit durchgehender bzw. gestrichelter Begrenzungslinie anzubringen
- Seeverkehr: gemäß IMDG-Code müssen Placards seewasserfest sein und nach mindestens drei Monaten im Meerwasser noch lesbar und erkennbar bleiben.

Die Kennzeichnungen mit Großzetteln im Straßenverkehr sind nur dann erforderlich, wenn die Grenzmenge nach 1.1.3.6 ADR überschritten ist. Da der Seeverkehr die Freistellung 1.1.3.6 ADR nicht kennt, beginnt die Pflicht zur Anbringung von Placards im Seeverkehr mit dem ersten Versandstück. Sobald die gefährlichen Güter in Versandstücken entladen sind bzw. die Tanks gereinigt wurden und keine Gefahr mehr besteht, müssen die Großzettel entfernt oder abgedeckt werden.

Merke:

Für Lithiumbatterien besteht die Besonderheit, dass anstelle eines Großzettels nach Muster 9A der Großzettel für die Klasse 9 verwendet wird.

Container mit Lithiumbatterien in Kisten

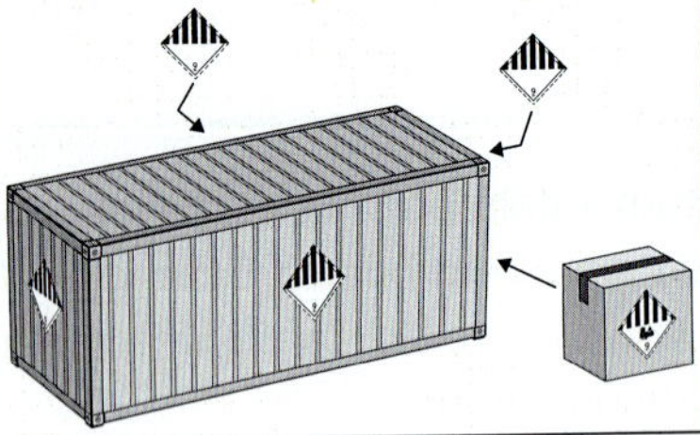

- Versandstücke der UN 3480 mit dem Gefahrzettel 9A auf den Versandstücken
- Großzettel 9 auf allen vier Seiten am Container

3.2.1 Großzettel (Placards) bei der Beförderung von Versandstücken im Straßenverkehr

Im Versandstückbereich ist die Anbringung von Großzetteln nur in wenigen Fällen vorgeschrieben.

Die Verwendung von Großzetteln ist vorgeschrieben für:

- Fahrzeuge mit Versandstücken der Klasse 1 (ausgenommen 1.4S)
  Anbringungsort: seitlich und hinten
- Fahrzeuge mit Versandstücken der Klasse 7 (wird hier nicht weiter behandelt)
  Anbringungsort: seitlich und hinten
- Container
  Anbringungsort: an allen vier Seiten

Diese Kennzeichnung ist jeweils bei Überschreitung der Grenzmenge gemäß Abschnitt 1.1.3.6 ADR erforderlich.

Die Placards müssen eine Seitenlänge von 250 mm × 250 mm haben. Nur bei den Klassen 1 und 7 dürfen die Placards verkleinert werden (mindestens 100 mm Seitenlänge), wenn aus Platzgründen keine größeren Placards angebracht werden können.

Kennzeichnungspflichtige Beförderungseinheit mit Gütern der Klasse 1

- Orangefarbene neutrale Tafeln an der Beförderungseinheit vorn und hinten
- Kennzeichnung mit Großzetteln Klasse 1 an allen vier Seiten des Containers

Besonderheiten der Klasse 1

Werden Stoffe oder Gegenstände verschiedener Unterklassen gemeinsam befördert, ist das Fahrzeug, der Container oder das Ladeabteil nur mit den Placards der gefährlichsten Unterklasse zu kennzeichnen. Die Rangfolge der Gefährlichkeit lautet: 1.1 (am gefährlichsten), 1.5, 1.2, 1.3, 1.6, 1.4 (am wenigsten gefährlich).

Werden Stoffe des Klassifizierungscodes 1.5D zusammen mit Stoffen oder Gegenständen der Unterklasse 1.2 befördert, müssen Placards für die Unterklasse 1.1 angebracht werden.

Für Stoffe oder Gegenstände der Unterklasse 1.4, Verträglichkeitsgruppe S, sind keine Placards erforderlich.

Container mit Gütern der Klasse 3 im Straßenverkehr

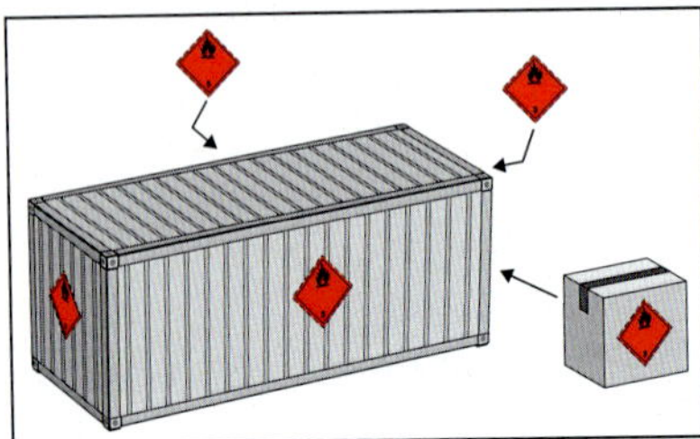	• Kennzeichnung mit Großzetteln Nr. 3 an allen vier Seiten • Ggf. Kennzeichen für umweltgefährdende Stoffe an allen vier Seiten Wird der Container auf ein Fahrzeug verladen, muss die Beförderungseinheit vorn und hinten mit neutralen orangefarbenen Tafeln markiert werden.

3.2.2 Kennzeichnung mit Großzetteln (Placards) bei der Beförderung in Tanks und als lose Schüttung im Straßenverkehr

Im Gegensatz zum Versandstücktransport müssen Placards grundsätzlich an

- Containern*),
- Schüttgut-Containern,
- MEGC,
- Tankcontainern und
- ortsbeweglichen Tanks

an allen **vier Seiten** angebracht werden**). Sind die oben genannten Umschließungen außen nicht sichtbar (z.B. hinter einer Plane), muss die Kennzeichnung außen am Trägerfahrzeug (hinten und an den Längsseiten) wiederholt werden.

Bei der Verwendung von

- Fahrzeugen für die Beförderung in loser Schüttung,
- Tankfahrzeugen,
- Batterie-Fahrzeugen,
- MEMU und
- Fahrzeugen mit Aufsetztanks

*) Wechselaufbauten (Wechselbehälter, Wechselbrücken) gelten zwar als Container im Stückgut-Straßenverkehr, werden aber wie feste Ladeflächen behandelt.

**) Ausnahme: Flexible Schüttgut-Container müssen nur an zwei gegenüberliegenden Seiten markiert werden.

müssen Placards nur an den **Längsseiten und hinten** angebracht werden.

Wenn das Tankfahrzeug oder der Aufsetztank mehrere Tankabteile mit unterschiedlichen gefährlichen Gütern hat, müssen die entsprechenden Placards an beiden Längsseiten auf der Höhe des jeweiligen Abteils angebracht werden. Hinten am Fahrzeug wird jeweils ein Muster der seitlich angebrachten Placards angebracht. Sind in allen Abteilen dieselben gefährlichen Güter, reichen die Placards einmal an beiden Seiten und hinten aus.

Placards an kleinen Tanks und Containern

- Bei Tanks bis 3 m³ und Kleincontainern dürfen die Großzettel (Placards) durch Gefahrzettel nach 5.2.2.2 ersetzt werden. Sind diese Gefahrzettel außen am Fahrzeug nicht sichtbar, müssen Placards zusätzlich an beiden Längsseiten und am Heck angebracht werden.

Beförderungseinheit mit einem ortsbeweglichen Tank unter einer Plane

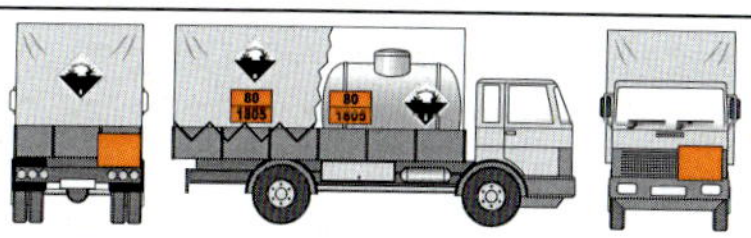	Beförderungseinheit: • Orangefarbene Tafeln (neutral) an der Vorder- und Rückseite • Orangefarbene Tafeln mit Nummern zur Wiederholung an den Seiten • Placards zur Wiederholung seitlich und hinten am Fahrzeug Tank: • Placards an allen vier Seiten • Orangefarbene Tafeln mit Nummern

3.2.3 Kennzeichnung mit Placards, UN-Nummer und Versandbezeichnung gemäß IMDG-Code

Gemäß IMDG-Code müssen Güterbeförderungseinheiten*) und Schüttgut-Container mit Placards, Kennzeichnungen und Warnzeichen versehen werden. Auf diese Plakatierung und Kennzeichnung kann nur verzichtet werden, wenn die auf den Versandstücken angebrachten Gefahrzettel und sonstige Kennzeichen außerhalb der Güterbeförderungseinheit oder des Schüttgut-Containers deutlich zu erkennen sind.

*) Ein Straßentank- oder Straßengüterfahrzeug, ein Kessel- oder Güterwagen, ein multimodaler Frachtcontainer, ein multimodaler ortsbeweglicher Tank oder ein MEGC.

Placards im Seeverkehr

Die Anbringung der Placards erfolgt wie folgt:

- Frachtcontainer, Sattelanhänger, geschlossene oder bedeckte Schüttgut-Container sowie ortsbewegliche Tanks:
  - Je ein Placard an jeder Seite und an beiden Enden
  - Bei ortsbeweglichen Tanks bis 3 000 Liter dürfen alternativ nur zwei Gefahrzettel auf gegenüberliegenden Seiten angebracht werden.
- Mehrkammertanks:
  - Placards in Höhe der jeweiligen Kammern
  - Enthalten alle Kammern denselben Stoff, genügt je ein Placard pro Längsseite.
- Flexible Schüttgut-Container:
  - Mindestens zwei Placards an gegenüberliegenden Seiten
- Alle übrigen Beförderungseinheiten:
  - Placards an beiden Seiten und am Heck der Einheit

Kennzeichnung mit Versandbezeichnung im Seeverkehr

Der IMDG-Code verlangt zusätzlich eine Kennzeichnung auf mindestens zwei Seiten mit der Angabe des **richtigen technischen Namens** auf folgenden Einheiten

- Tankgüterbeförderungseinheiten mit gefährlichen Gütern,
- Schüttgut-Container mit gefährlichen Gütern oder
- allen anderen Güterbeförderungseinheiten, die nur ein verpacktes gefährliches Gut enthalten, für das kein Placard, keine UN-Nummer oder kein Kennzeichen für Meeresschadstoffe erforderlich ist. Alternativ kann die UN-Nummer angegeben werden.

Der richtige technische Name der Güter muss in mindestens 65 mm großen Zeichen abgebildet sein. Die Zeichengröße kann bei ortsbeweglichen Tankcontainern mit einem Fassungsraum von höchstens 3 000 Litern auf 12 mm reduziert werden. Die Farbe des richtigen technischen Namens muss mit der Farbe des Hintergrunds kontrastieren.

Neben dem richtigen technischen Namen muss auch auf folgenden Einheiten die UN-Nummer angegeben werden:

Kennzeichnung mit der UN-Nummer im Seeverkehr

Außer bei Gütern der Klasse 1 muss die **UN-Nummer** auf folgenden Einheiten angegeben werden*):

- Feste und flüssige Stoffe sowie Gase, die in Tankgüterbeförderungseinheiten befördert werden, einschließlich auf jeder Kammer einer Mehrkammertankgüterbeförderungseinheit
- Verpackte gefährliche Güter von mehr als 4 000 kg Bruttomasse, denen nur eine UN-Nummer zugeordnet wurde und die die einzigen gefährlichen Güter in der Güterbeförderungseinheit sind
- Feste gefährliche Güter in einem Schüttgut-Container

Zur Anbringung der UN-Nummer gibt es zwei Möglichkeiten:

Möglichkeit 1:	
	Im Placard auf weißem Grund unterhalb des Symbols und oberhalb der Klassenkennzeichnung, ohne andere Elemente zu verdecken.
Möglichkeit 2:	
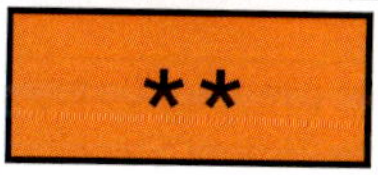	• Die UN-Nummer ist auf einer orangefarbenen rechteckigen Tafel mit mindestens 120 mm Höhe, 300 mm Breite und einem 10 mm breiten schwarzen Rand anzubringen. • Die Tafel wird direkt neben dem Placard oder der Kennzeichnung für Meeresschadstoffe angebracht. • Bei ortsbeweglichen Tanks bis 3 000 Liter Fassungsraum darf die UN-Nummer in mindestens 25 mm hohen Zeichen auf einer verkleinerten orangefarbenen Tafel an der Außenfläche des Tanks angebracht werden. • Wenn kein Placard oder keine Kennzeichnung für Meeresschadstoffe erforderlich ist, wird die UN-Nummer direkt neben dem richtigen technischen Namen angegeben.

*) Vorgaben für die Klasse 7 werden hier nicht behandelt.

Zusammenspiel zwischen Placards, UN-Nummer und Versandbezeichnung bei den wichtigsten Varianten

Frachtcontainer mit Gefahrgut der Klasse 3

- Placards an allen vier Seiten
- UN-Nummer an allen vier Seiten, da nur ein Stoff in einer Menge über 4 000 kg befördert wird
- Ggf. Kennzeichen für umweltgefährdende Stoffe an allen vier Seiten

Frachtcontainer mit Gefahrgütern der Klassen 3 und 4.1

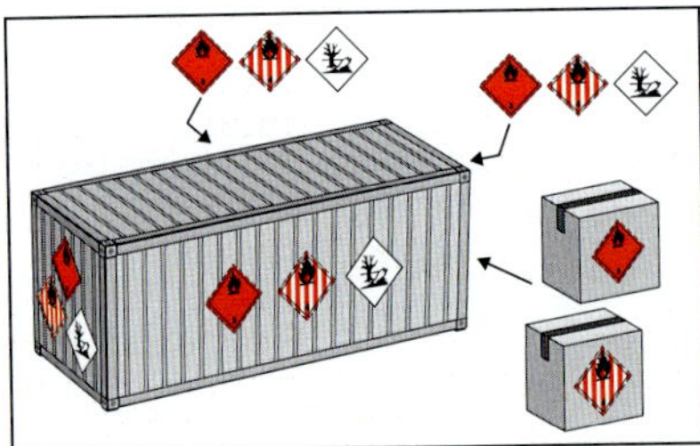

- Placards für beide Gefahrklassen an allen vier Seiten
- Ggf. Kennzeichen für umweltgefährdende Stoffe an allen vier Seiten
- Keine UN-Nummer, da verschiedene Gefahrgüter enthalten sind

Tankcontainer mit Gefahrgut der Klasse 3

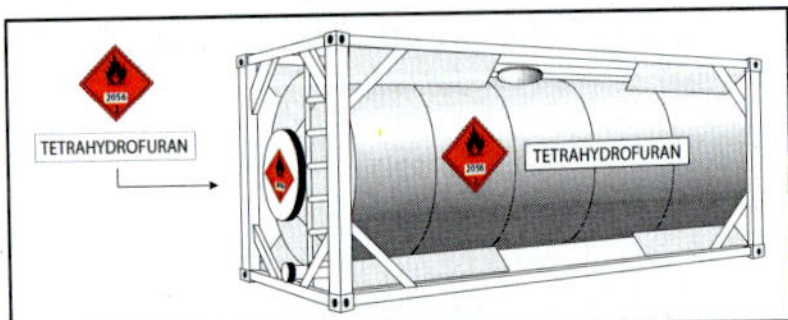

- Placards und UN-Nummer an allen vier Seiten
- Richtige Versandbezeichnung (Proper Shipping Name) an allen vier Seiten
- Ggf. Kennzeichen für umweltgefährdende Stoffe an allen vier Seiten

3.3 Kennzeichen für umweltgefährdende Stoffe

Hinweis: Die Vorschriften zur Kennzeichnung für umweltgefährdende Stoffe befinden sich in 5.3.6 ADR/5.3.2.3 IMDG-Code.

Container, Schüttgut-Container, MEGC, Tankcontainer, ortsbewegliche Tanks und Fahrzeuge, die umweltgefährdende Stoffe enthalten, müssen mit dem Kennzeichen für umweltgefährdende Stoffe versehen sein, sofern die Anbringung von Großzetteln (Placards) vorgeschrieben ist (Freistellungen für Versandstücke beachten).

Für die Gestaltung und die Anbringung gelten die gleichen Anforderungen wie bei Großzetteln (Placards) (siehe 3.1.4).

 	• Mindestgröße: 250 mm × 250 mm • Verkleinerung: bei Tankcontainern und ortsbeweglichen Tanks mit einem Fassungsraum bis 3 000 Liter darf die Größe auf 100 mm × 100 mm reduziert werden, wenn die verfügbare Fläche für eine größere Kennzeichnung nicht ausreicht.

Merke:

Der Anbringungsort folgt den Vorschriften für Großzettel, das heißt: an Containern sind sie an allen vier Seiten und an Fahrzeugen seitlich sowie hinten anzubringen.

3.4 Kennzeichnung „begrenzte Mengen"

Hinweis: Die Vorschriften zur Kennzeichnung von Gefahrgut in begrenzten Mengen befinden sich in Kapitel 3.4 ADR/IMDG-Code.

Die Kennzeichnung von Güterbeförderungseinheiten mit dem Kennzeichen der begrenzten Menge erfolgt an Fahrzeugen, Tanks und Containern auf folgende Weise:

Beförderungseinheiten mit Gefahrgut in begrenzter Menge (ADR)

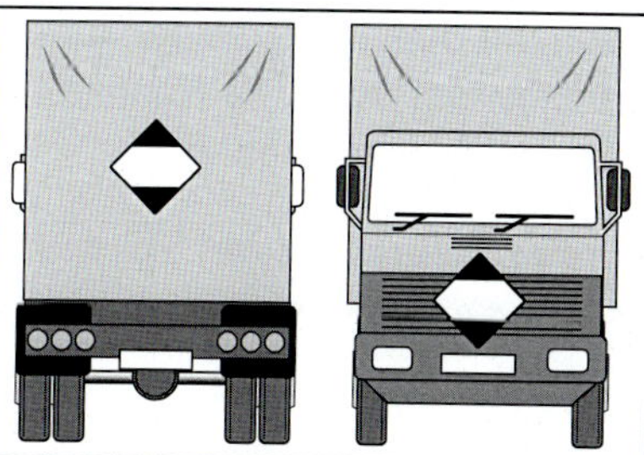	Kennzeichnung, wenn höchstzulässige Gesamtmasse über 12 Tonnen und Menge gefährlicher Güter in begrenzten Mengen mehr als 8 Tonnen: • vorn und hinten • Mindestgröße: 250 mm x 250 mm Auf die Kennzeichnung kann verzichtet werden, wenn zusätzlich reguläre Gefahrgüter verladen sind, für die eine Kennzeichnung mit orangefarbenen Tafeln vorgeschrieben ist.

Container mit Gefahrgut in begrenzter Menge (ADR)

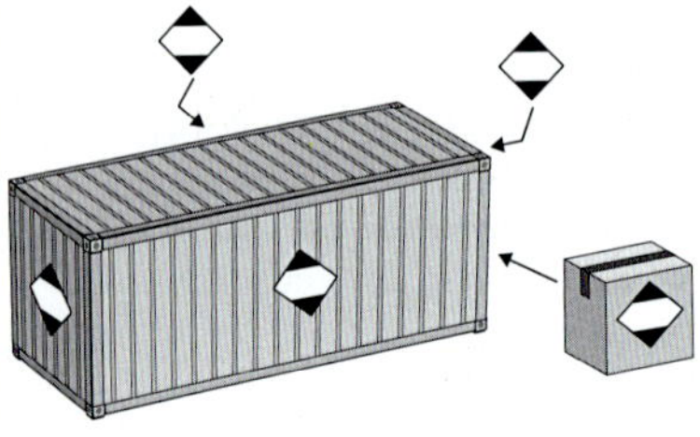

Kennzeichnung, wenn die Container auf einer Beförderungseinheit befördert werden, deren höchstzulässige Gesamtmasse über 12 Tonnen liegt und die Gesamtmasse der gefährlichen Güter in begrenzten Mengen mehr als 8 Tonnen beträgt:

- auf allen vier Seiten
- Mindestgröße: 250 mm × 250 mm

Auf die Kennzeichnung kann verzichtet werden, wenn zusätzlich reguläre Gefahrgüter verladen sind, für die eine Kennzeichnung mit orangefarbenen Warntafeln vorgeschrieben ist.

Container mit Gefahrgut in begrenzter Menge (IMDG-Code)

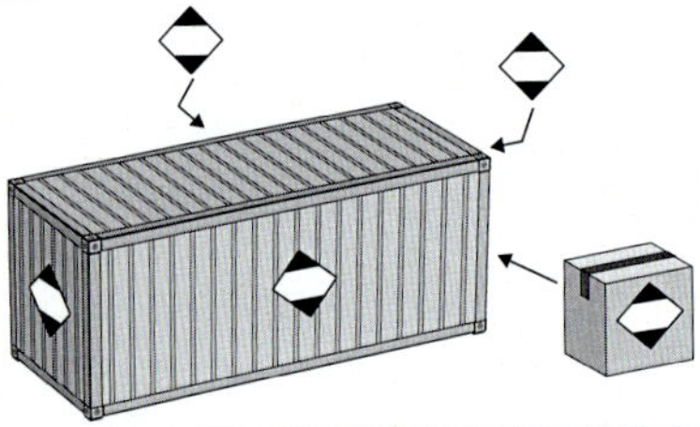

- Kennzeichnung: auf allen vier Seiten
- Mindestgröße: 250 mm × 250 mm

Das Kennzeichen muss seewasserfest sein und nach mindestens drei Monaten im Meerwasser noch lesbar und erkennbar bleiben.

Auf die Kennzeichnung kann verzichtet werden, wenn Placards anderer gefährlicher Güter deutlich sichtbar angebracht sind.

3.5 Kennzeichnung „erwärmte Stoffe“

Hinweis: Die Vorschriften zur Kennzeichnung von erwärmten Stoffen befinden sich in Unterabschnitt 5.3.3 ADR/5.3.3.2 IMDG-Code.

Tankfahrzeuge, die einen Stoff im flüssigen Zustand bei ≥ 100 °C oder im festen Zustand bei ≥ 240 °C befördern, müssen mit dem Kennzeichen für die Beförderung bei erhöhter Temperatur gekennzeichnet sein. Die Kennzeichnung erfolgt zusätzlich zu der klassenspezifischen Kennzeichnung.

- Fahrzeuge: Kennzeichnung an beiden Längsseiten und hinten.
- Container, Tankcontainer, ortsbewegliche Tanks: Kennzeichnung an allen vier Seiten.
- Mindestgröße: Seitenlänge ≥ 250 mm
  Ausnahme: bei Tankcontainern/ortsbeweglichen Tanks ≤ 3 000 l und begrenzter Fläche: Seitenlänge ≥ 100 mm
- Haltbarkeit: witterungsbeständig und dauerhaft während der gesamten Beförderung (sichere, feste Anbringung).

	Seeverkehr (IMDG-Code): Zusätzlich zum Kennzeichen für erwärmte Stoffe muss die voraussichtlich während der Beförderung erreichte Höchsttemperatur angegeben werden. Die Angabe erfolgt an beiden Seiten des ortsbeweglichen Tanks oder der Isolierummantelung. Die Temperatur ist direkt neben dem Kennzeichen für erwärmte Stoffe in mindestens 100 mm hohen, dauerhaft angebrachten Zeichen anzugeben.

3.6 Kennzeichnung „SV-Schild“ bei Gasen (nur ADR)

Hinweis: Die Vorgaben zur Kennzeichnung von Tankfahrzeugen mit Sicherheitsventilen befinden sich im Kapitel 6.8 ADR.

Seit Inkrafttreten des ADR 2023 besteht die Verpflichtung, bestimmte Tanks mit Sicherheitsventilen zu kennzeichnen (6.8.2 ADR). Dies betrifft Tanks, die entzündbare verflüssigte Gase transportieren (Sicherheitsventil-Pflicht).

Tanks, die verdichtete Gase, nicht entzündbare verflüssigte Gase oder gelöste Gase befördern, dürfen mit einem Sicherheitsventil ausgestattet werden. Wenn dies der Fall ist, ist auch die Kennzeichnung mit dem SV-Schild vorgeschrieben.

Anforderungen an das SV-Schild

<table>
<tr>
<td>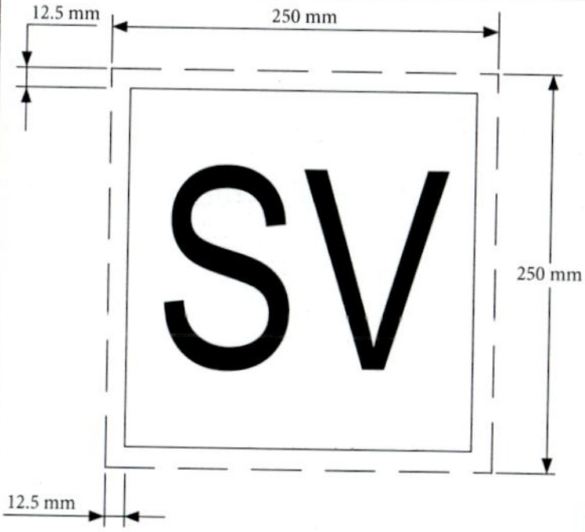
</td>
<td>
• Mindestgröße: 250 mm × 250 mm
• Form: weißes Quadrat, schwarzer Innenrahmen, parallel zum Rand, Abstand ≈ 12,5 mm
• Aufschrift „SV“ in Schwarz, Zeichenhöhe ≥ 120 mm, Strichbreite ≥ 12 mm
• Verkleinerte Ausführung für Aufsetztanks und Tankcontainer ≤ 3 000 l zulässig: 120 mm × 120 mm
• Innenrahmenabstand ≈ 6 mm
• „SV“: Zeichenhöhe ≥ 60 mm, Strichbreite ≥ 6 mm Buchstaben „SV“ unauslöschbar und nach 15 Minuten Feuereinwirkung noch lesbar
Haltbarkeit und Befestigung:
• witterungsbeständiges Material, dauerhafte Ausführung
• Befestigung hält bei 15 Minuten Feuereinwirkung; bleibt unabhängig von der Tanklage fixiert (löst sich nicht)
</td>
</tr>
</table>

Kennzeichnung mit dem SV-Schild an festverbundenen Tanks und Aufsetztanks

Festverbundene Tanks und Aufsetztanks:

- vorn und hinten und
- an beiden Längsseiten

Tankcontainer > 3 000 l:

- vorn und hinten und
- an beiden Längsseiten

Tankcontainer ≤ 3 000 l:

- vorn und hinten oder
- an beiden Längsseiten

3.7 Spezielle Kennzeichnungen

Begaste Güterbeförderungseinheiten

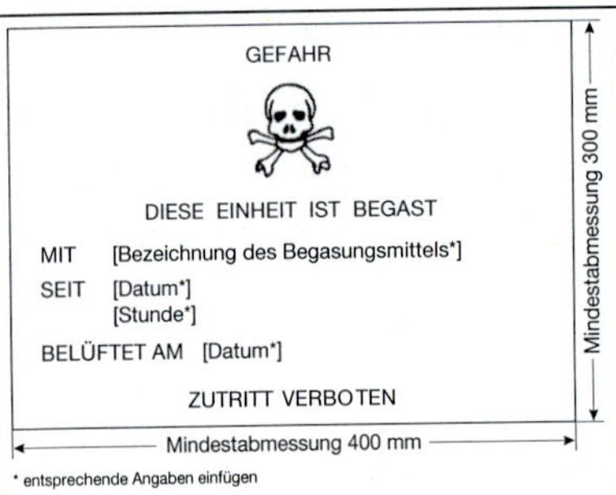

- Anbringungsort: an jedem Zugang
- Form: rechteckig
- Mindestgröße: 400 mm breit und 300 mm hoch, mit einer 2 mm starken Außenlinie
- Farben: schwarze Beschriftung auf weißem Grund
- Buchstabenhöhe: mindestens 25 mm

Seeverkehr:
Die Kennzeichnung muss seewasserbeständig sein und auch nach drei Monaten im Seewasser noch lesbar bleiben.

Kennzeichnung «ACHTUNG KEINE BELÜFTUNG VORSICHTIG ÖFFNEN» gemäß CV 36 (nur ADR)

ACHTUNG
KEINE BELÜFTUNG
VORSICHTIG ÖFFNEN

- Anbringungsort: an jedem Zugang
- Buchstabenhöhe: 25 mm
- Sprache: wird vom Absender bestimmt
- Für UN 2211 und UN 3314 nicht erforderlich, wenn bereits nach IMDG-Code gekennzeichnet wurde.

Kennzeichnung bei Verwendung elektronischer Beförderungsdokumente (nur ADR)

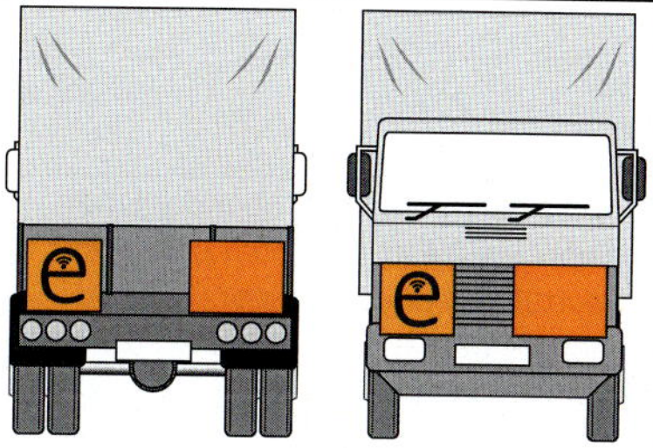

- Vorder- und Rückseite des Fahrzeugs müssen mit einem Hinweis auf die Verwendung eines elektronischen Beförderungsdokuments gekennzeichnet sein.
- Ist die Anbringung an der Rückseite nicht möglich (z. B. aus baulichen Gründen), darf das Kennzeichen an beiden Türen des Fahrerhauses angebracht werden.
- Je nach Einsatzart darf das Kennzeichen abnehmbar (z. B. klappbar oder magnetisch) oder dauerhaft befestigt sein.

Lithiumbatterien in Güterbeförderungseinheiten gemäß SV 389

Straßenverkehr (ADR)

- An den Längsseiten: orangefarbene neutrale Tafel
- An den beiden Längsseiten: Großzettel Nr. 9

Kennzeichnung erforderlich bei Überschreitung der Mengengrenzen gemäß Unterabschnitt 1.1.3.6 ADR.

Seeverkehr (IMDG-Code)

- An den beiden Längsseiten: UN-Nummer
- An den beiden Längsseiten: Großzettel Nr. 9

Kennzeichnung immer erforderlich, da keine Grenzmengenberechnung möglich ist.

Trockeneis als Kühlmittel

- Kennzeichnung von Fahrzeugen und Containern an jedem Zugang
- Mindestgröße: 150 mm x 250 mm

* Trockeneis als Kühlmittel oder Trockeneis als Konditionierungsmittel (bei der Verwendung anderer Stoffe als Kühlmittel entsprechend anpassen)

3.8 Beispiele für Kennzeichnungen

3.8.1 Straßenverkehr

Stückgutbeförderung gemäß ADR

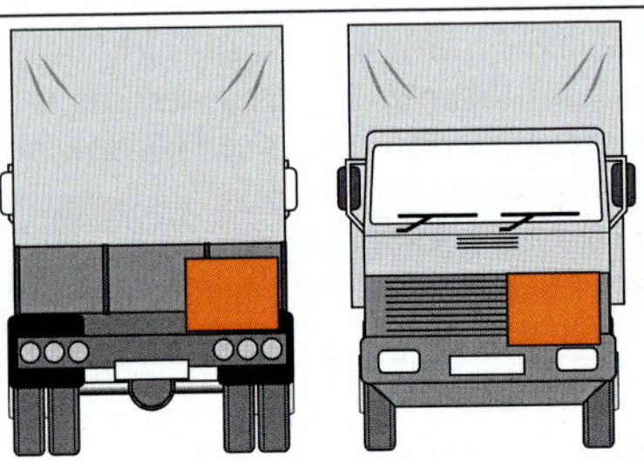	• Beförderungseinheiten müssen bei der Überschreitung von 1000 Punkten vorn und hinten mit einer neutralen orangefarbenen Tafel gekennzeichnet werden. • Nach dem Entladen muss die Tafel zugeklappt oder abgedeckt werden. • Für die Beförderung von Stückgut sind keine Placards erforderlich. Ausnahme: Klasse 1 und Klasse 7 (Großzettel an den beiden Längsseiten und hinten)

Flüssige und gasförmige Gefahrgüter

Tankfahrzeuge mit einer Kammer

	Standard (ein Gefahrgut): • Neutrale orangefarbene Tafel vorn und hinten • Orangefarbene Tafel mit Nummern an den beiden Längsseiten • Großzettel und ggf. Kennzeichen für umweltgefährdende Stoffe hinten und an den beiden Längsseiten
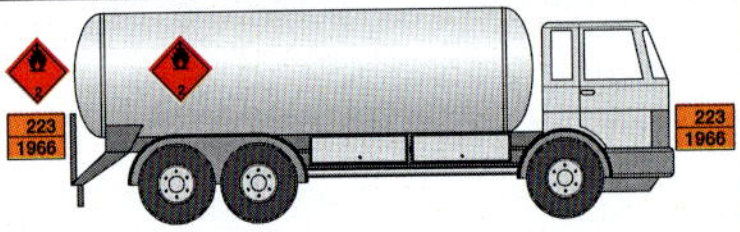	Alternative: • Orangefarbene Tafel mit Nummern vorn und hinten In diesem Fall dürfen die seitlichen orangefarbenen Tafeln weggelassen werden. • Großzettel und ggf. Kennzeichen für umweltgefährdende Stoffe hinten und an den beiden Längsseiten

Tankfahrzeuge mit mehreren Kammern

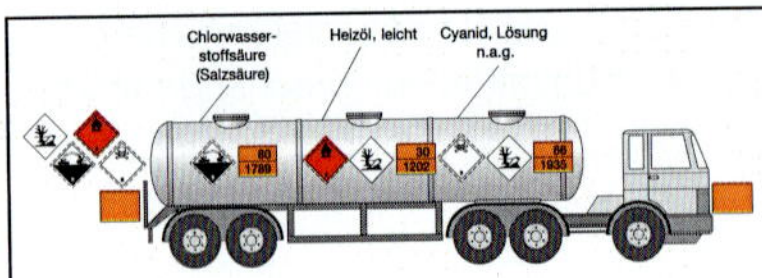	Standard (mehrere Gefahrgüter): • Neutrale orangefarbene Tafel vorn und hinten • Orangefarbene Tafeln mit Nummern seitlich je Tankabteil • Großzettel und ggf. Kennzeichen für umweltgefährdende Stoffe hinten und seitlich je Tankabteil

Ausnahmen für die UN-Nummern 1202, 1203, 1223, 3475 oder Flugkraftstoff, der der UN-Nummer 1268 oder 1863 zugeordnet ist

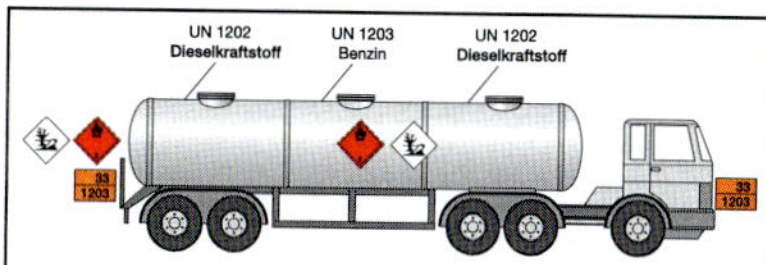

- Orangefarbene Tafel mit Nummern vorn und hinten für den Stoff mit dem niedrigsten Flammpunkt
- Auf die seitlichen Tafeln kann verzichtet werden.
- Großzettel und ggf. Kennzeichen für umweltgefährdende Stoffe hinten und an den beiden Längsseiten

Batteriefahrzeug für die Beförderung von Gasen

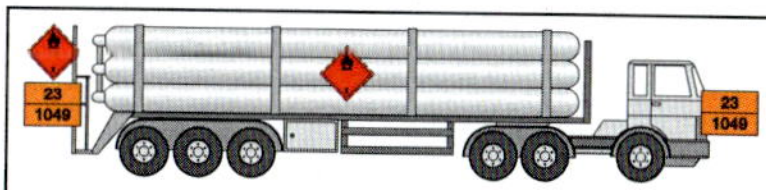

- Neutrale orangefarbene Tafel vorn und hinten
- Orangefarbene Tafeln mit Nummern an den beiden Längsseiten
- Großzettel und ggf. Kennzeichen für umweltgefährdende Stoffe an den beiden Längsseiten und hinten

Beförderungseinheit mit Tankcontainer

- Neutrale orangefarbene Tafel vorn und hinten
- Orangefarbene Tafeln mit Nummern an den beiden Längsseiten
- Großzettel und ggf. Kennzeichen für umweltgefährdende Stoffe an allen vier Seiten

Gefahrgüter in loser Schüttung

Absetzmulde (Container)

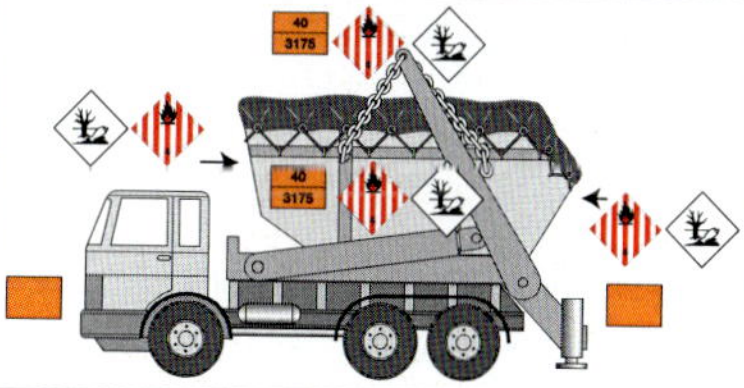

- Großzettel an allen vier Seiten der Mulde
- Kennzeichen für umweltgefährdende Stoffe an allen vier Seiten der Mulde
- Orangefarbene Tafeln mit Nummern an den beiden Längsseiten
- Neutrale orangefarbene Tafeln vorn und hinten

Lkw mit Plane zur Beförderung von Gefahrgut in loser Schüttung

- Großzettel an den beiden Längsseiten und hinten
- Orangefarbene Tafeln mit Nummern an den beiden Längsseiten
- Neutrale orangefarbene Tafeln vorn und hinten
- Alternativ: Orangefarbenen Tafeln mit Nummern vorn und hinten (wie dargestellt). Die Anbringung an den Längsseiten entfällt.

Silofahrzeug mit Gefahrgut in loser Schüttung

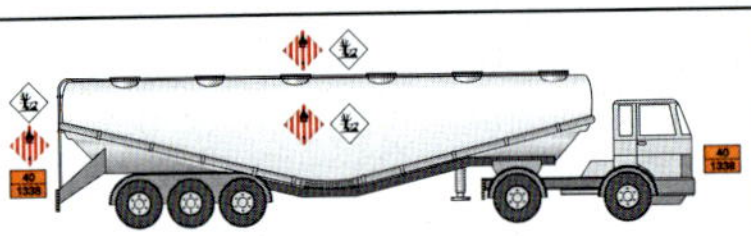

- Großzettel an den beiden Längsseiten und hinten
- Kennzeichen für umweltgefährdende Stoffe an den beiden Längsseiten und hinten
- Orangefarbene Tafeln mit Nummern vorn und hinten
- Alternativ: Neutrale orangefarbene Tafeln vorn und hinten und seitlich mit Nummern möglich.

Tank mit erwärmtem Stoff (Klasse 9)

- Großzettel Nr. 9 an den beiden Längsseiten und hinten
- Kennzeichen für umweltgefährdende Stoffe an den beiden Längsseiten und hinten
- Kennzeichen für erwärmte Stoffe an den beiden Längsseiten und hinten
- Orangefarbene Tafeln mit Nummern vorn und hinten
- Alternativ: Neutrale orangefarbene Tafeln vorn und hinten und seitlich mit Nummern möglich.

Merke:

Beförderungseinheiten, die aus zwei Fahrzeugen bestehen, müssen an der Zugmaschine (vorn) und am Anhänger (hinten) mit orangefarbenen Tafeln gemäß der zuvor dargestellten Systematik gekennzeichnet werden. Die seitliche Anbringung, zum Beispiel an Tankfahrzeugen mit Anhänger, erfolgt je Fahrzeug. Die Großzettel (Placards) sind ebenfalls an jedem Fahrzeug anzubringen. Wird ein Anhänger vom Zugfahrzeug getrennt abgestellt, muss die orangefarbene Tafel hinten am Anhänger geöffnet bleiben.

3.8.2 Seeverkehr

Frachtcontainer, Sattelanhänger sowie ortsbewegliche Tanks

Frachtcontainer mit einem Gefahrgut der Klasse 3

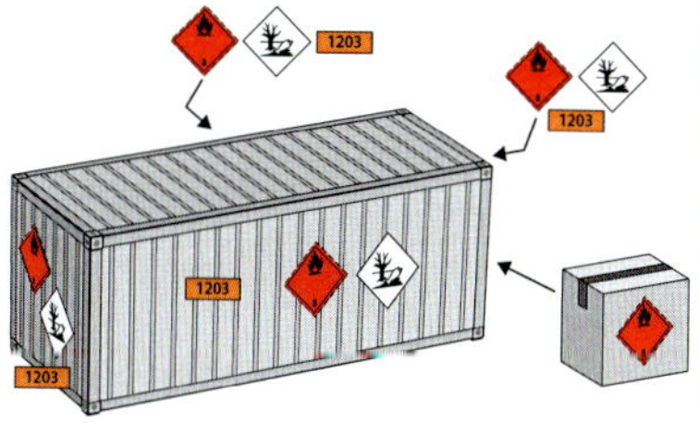

- Placards an allen vier Seiten (immer)
- UN-Nummer auf orangefarbenen Tafeln
  Alternativ: UN-Nummer im Placard bei mehr als 4 000 kg Bruttomasse
- Ggf. Kennzeichen für umweltgefährdende Stoffe an allen vier Seiten

Frachtcontainer mit zwei Gefahrgütern der Klasse 3 und Klasse 4.1

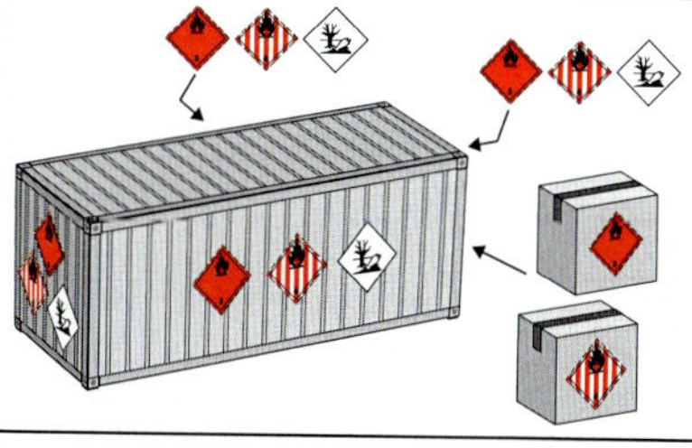

- Placards an allen vier Seiten (immer)
- UN-Nummer nicht erforderlich
- Ggf. Kennzeichen für umweltgefährdende Stoffe an allen vier Seiten

Frachtcontainer mit Gefahrgut in begrenzter Menge

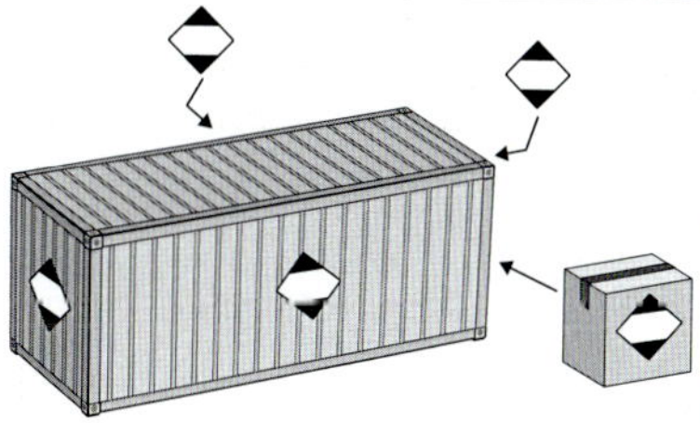

- Kennzeichnung „begrenzte Mengen“ an allen vier Seiten

Tankcontainer (eine Kammer) mit einem Gefahrgut der Klasse 3

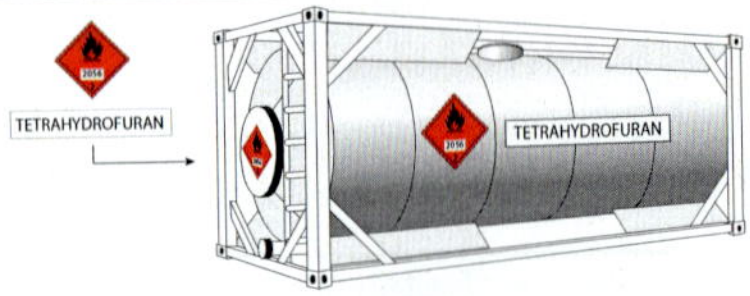

- Placards an allen vier Seiten
- UN-Nummer auf den Placards
- Richtige Versandbezeichnung auf allen vier Seiten
- Ggf. Kennzeichen für umweltgefährdende Stoffe an allen vier Seiten

Tankcontainer (mehrere Kammern)

- Placards je Tankabteil an den Längsseiten (Stirnseite nicht erforderlich)
- UN-Nummer auf dem Placard oder orangefarbene Tafel mit der UN-Nummer des Gefahrgutes
- Richtige Versandbezeichnung an den Längsseiten je Tankabteil
- Ggf. Kennzeichen für umweltgefährdende Stoffe an den beiden Längsseiten

Sattelauflieger im Seeverkehr mit verpackten gefährlichen Gütern (< 4 000 kg)

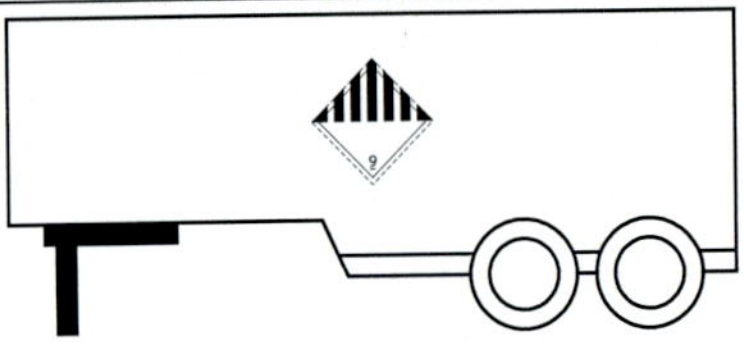

- Placards vorn und hinten sowie an den beiden Längsseiten
- UN-Nummer auf dem Placard oder orangefarbene Tafel mit der UN-Nummer des Gefahrgutes, wenn über 4 000 kg geladen wurden.
- Ggf. Kennzeichen für umweltgefährdende Stoffe vorn und hinten sowie an den beiden Längsseiten

3.9 Gemeinsamkeiten und Abweichungen zwischen den Verkehrsträgern Straße und See bezogen auf Fahrzeuge und Container

Im Straßenverkehr (ADR) liegt der Schwerpunkt auf der Kennzeichnung der Beförderungseinheit, während im Seeverkehr (IMDG-Code) die Kennzeichnung der einzelnen Container oder Tanks im Vordergrund steht.

Thema	ADR	IMDG-Code
Verwendung orangefarbener Tafeln	Erforderlich zur Kennzeichnung von Beförderungseinheiten (z. B. Fahrzeugen oder Tankcontainern)	Nicht vorgesehen
Berechnung von Grenzmengen (nach 1.1.3.6)	Relevant beim Versandstücktransport	Keine entsprechende Regelung vorhanden
Anbringung der UN-Nummer	Erfolgt über orangefarbene Tafeln, insbesondere beim Tanktransport	Erfolgt über Placards oder IMDG-spezifische orangefarbene Tafeln
Richtige Versandbezeichnung	Im ADR nicht auf der Beförderungseinheit erforderlich (nur in Dokumenten)	An Tankcontainern anzubringen (neben UN-Nummer und Placards)
Seewasserfestigkeit	Nicht anwendbar	Placards und Kennzeichen müssen mindestens drei Monate seewasserbeständig sein
Anforderungen an die Sprache bei Kennzeichnungen	Üblicherweise Sprache des Versandlandes, und wenn das nicht Deutsch, Englisch oder Französisch ist, zusätzlich in einer dieser Sprachen	Üblicherweise wird für die Kennzeichen die englische Sprache verwendet

Merke:

Die Vorschriften zur Kennzeichnung und Plakatierung von Versandstücken, Beförderungseinheiten sowie Tanks und Containern können zwischen dem ADR und dem IMDG-Code abweichen.

Dies betrifft unter anderem die Pflicht zur Plakatierung von Containern bereits ab dem ersten Versandstück, während dies nach ADR erst nach Überschreiten der in 1.1.3.6 ADR genannten Mengengrenzen erforderlich ist.

Das ADR gestattet diese Abweichungen unter den Voraussetzungen von 1.1.4.2 ADR.

4 Anhang

Auszug aus 5.2.2.2.2 Gefahrzettelmuster ADR bzw. IMDG-Code

Gefahrzettelmuster Nr.	Unterklasse oder Kategorie	Symbol und Farbe des Symbols	Hintergrund	Ziffer in der unteren Ecke (und Farbe der Ziffer)	Gefahrzettelmuster	Bemerkung
			Gefahr der Klasse 1: Explosive Stoffe und Gegenstände mit Explosivstoff			
1	Unterklassen 1.1, 1.2, 1.3	explodierende Bombe: schwarz	orange	1 (schwarz)		** Angabe der Unterklasse – keine Angabe, wenn die explosive Eigenschaft die Nebengefahr darstellt * Angabe der Verträglichkeitsgruppe – keine Angabe, wenn die explosive Eigenschaft die Nebengefahr darstellt
1.4	Unterklasse 1.4	1.4: schwarz Die Ziffern müssen eine Zeichenhöhe von ca. 30 mm und eine Dicke von ca. 5 mm haben (bei einem Gefahrzettel von 100 mm × 100 mm).	orange	1 (schwarz)		* Angabe der Verträglichkeitsgruppe
1.5	Unterklasse 1.5	1.5: schwarz Die Ziffern müssen eine Zeichenhöhe von ca. 30 mm und eine Dicke von ca. 5 mm haben (bei einem Gefahrzettel von 100 mm × 100 mm).	orange	1 (schwarz)		* Angabe der Verträglichkeitsgruppe
1.6	Unterklasse 1.6	1.6: schwarz Die Ziffern müssen eine Zeichenhöhe von ca. 30 mm und eine Dicke von ca. 5 mm haben (bei einem Gefahrzettel von 100 mm × 100 mm).	orange	1 (schwarz)		* Angabe der Verträglichkeitsgruppe
			Gefahr der Klasse 2: Gase			
2.1	Entzündbare Gase	Flamme: schwarz oder weiß (mit Ausnahme der in Absatz 5.2.2.2.1.6 d) vorgesehenen Fälle)	rot	2 (schwarz oder weiß) (mit Ausnahme der in Absatz 5.2.2.2.1.6 d) vorgesehenen Fälle)	 	–
2.2	Nicht entzündbare, nicht giftige Gase	Gasflasche: schwarz oder weiß	grün	2 (schwarz oder weiß)	 	–
2.3	Giftige Gase	Totenkopf mit gekreuzten Gebeinen: schwarz	weiß	2 (schwarz)		–

Gefahrzettelmuster Nr.	Unterklasse oder Kategorie	Symbol und Farbe des Symbols	Hintergrund	Ziffer in der unteren Ecke (und Farbe der Ziffer)	Gefahrzettelmuster	Bemerkung
Gefahr der Klasse 3: Entzündbare flüssige Stoffe						
3	–	Flamme: schwarz oder weiß	rot	3 (schwarz oder weiß)		–
Gefahr der Klasse 4.1: Entzündbare feste Stoffe, selbstzersetzliche Stoffe, polymerisierende Stoffe und desensibilisierte explosive feste Stoffe						
4.1	–	Flamme: schwarz	weiß mit sieben senkrechten roten Streifen	4 (schwarz)		–
Gefahr der Klasse 4.2: Selbstentzündliche Stoffe						
4.2	–	Flamme: schwarz	obere Hälfte weiß, untere Hälfte rot	4 (schwarz)		–
Gefahr der Klasse 4.3: Stoffe, die in Berührung mit Wasser entzündbare Gase entwickeln						
4.3	–	Flamme: schwarz oder weiß	blau	4 (schwarz oder weiß)		–
Gefahr der Klasse 5.1: Entzündend (oxidierend) wirkende Stoffe						
5.1	–	Flamme über einem Kreis: schwarz	gelb	5.1 (schwarz)		–
Gefahr der Klasse 5.2: Organische Peroxide						
5.2	–	Flamme: schwarz oder weiß	obere Hälfte rot, untere Hälfte gelb	5.2 (schwarz)		–
Gefahr der Klasse 6.1: Giftige Stoffe						
6.1	–	Totenkopf mit gekreuzten Gebeinen: schwarz	weiß	6 (schwarz)		–

Gefahrzettelmuster Nr.	Unterklasse oder Kategorie	Symbol und Farbe des Symbols	Hintergrund	Ziffer in der unteren Ecke (und Farbe der Ziffer)	Gefahrzettelmuster	Bemerkung
Gefahr der Klasse 6.2: Ansteckungsgefährliche Stoffe						
6.2	–	Kreis, der von drei sichelförmigen Zeichen überlagert wird: schwarz	weiß	6 (schwarz)		In der unteren Hälfte des Gefahrzettels darf in Schwarz angegeben sein: „ANSTECKUNGSGEFÄHRLICHE STOFFE" und „BEI BESCHÄDIGUNG ODER FREIWERDEN UNVERZÜGLICH GESUNDHEITSBEHÖRDEN VERSTÄNDIGEN".
Gefahr der Klasse 7: Radioaktive Stoffe						
7A	Kategorie I – WEISS	Strahlensymbol: schwarz	weiß	7 (schwarz)		(vorgeschriebener) Text, schwarz, in der unteren Hälfte des Gefahrzettels: „RADIOACTIVE" „CONTENTS …" „ACTIVITY …"; dem Ausdruck „RADIOACTIVE" folgt ein senkrechter roter Streifen
7B	Kategorie II – GELB	Strahlensymbol: schwarz	obere Hälfte gelb mit weißem Rand, untere Hälfte weiß	7 (schwarz)		(vorgeschriebener) Text, schwarz, in der unteren Hälfte des Gefahrzettels: „RADIOACTIVE" „CONTENTS …" „ACTIVITY …"; in einem schwarz eingerahmten Feld: „TRANSPORT INDEX"; dem Ausdruck „RADIOACTIVE" folgen zwei senkrechte rote Streifen
7C	Kategorie III – GELB	Strahlensymbol: schwarz	obere Hälfte gelb mit weißem Rand, untere Hälfte weiß	7 (schwarz)		(vorgeschriebener) Text, schwarz, in der unteren Hälfte des Gefahrzettels: „RADIOACTIVE" „CONTENTS …" „ACTIVITY …"; in einem schwarz eingerahmten Feld: „TRANSPORT INDEX"; dem Ausdruck „RADIOACTIVE" folgen drei senkrechte rote Streifen
7E	Spaltbare Stoffe	–	weiß	7 (schwarz)	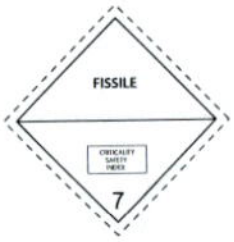	(vorgeschriebener) Text, schwarz, in der oberen Hälfte des Gefahrzettels: „FISSILE"; in einem schwarz eingerahmten Feld in der unteren Hälfte des Gefahrzettels: „CRITICALITY SAFETY INDEX"
Gefahr der Klasse 8: Ätzende Stoffe						
8	–	Flüssigkeiten, die aus zwei Reagenzgläsern ausgeschüttet werden und eine Hand und ein Metall angreifen: schwarz	obere Hälfte weiß, untere Hälfte schwarz mit weißem Rand	8 (weiß)		–

Gefahrzettelmuster Nr.	Unterklasse oder Kategorie	Symbol und Farbe des Symbols	Hintergrund	Ziffer in der unteren Ecke (und Farbe der Ziffer)	Gefahrzettelmuster	Bemerkung
Gefahr der Klasse 9: Verschiedene gefährliche Stoffe und Gegenstände						
9	–	sieben senkrechte Streifen in der oberen Hälfte: schwarz	weiß	9, unterstrichen (schwarz)		–
9A	–	sieben senkrechte Streifen in der oberen Hälfte: schwarz; Ansammlung von Batterien, von denen eine beschädigt und entflammt ist, in der unteren Hälfte: schwarz	weiß	9, unterstrichen (schwarz)		–